長岡文雄と授業づくり

―子どもから学び続けるために―

長瀬拓也

黎明書房

奈良女子高等師範学校訓導時代の長岡文雄
（1943年6月頃撮影，長岡二朗氏提供）

はじめに

「目の前にいる一人ひとりの子どもたちのために、良い授業をしたい」

これは、はじめて担任や、授業者になった時、多くの方が最初に考えることではないでしょうか。

しかしながら、教師の仕事を続けていくと、

「教科書の内容を時間通りに終わらせたい」

「とにかく、この内容を覚えさせたい」

「この教育方法でやってみたい」

といった思いを持つことがあります。

もちろん、こうした「思い」は子どもたちのことを思ってのこと。必ずしも間違っているわけではありません。しかし、その思いばかりが先行し、「子どもたちのためにとって良い授業とは何か」といった本質的なものを忘れていってしまうことがあります。

今からおよそ五、六十年ほど前、教育現場で、「この子、この子」と一人ひとりの子どもたちに焦

点をあて、子どもたちの生き方や学び方を大切にしてきた実践者がいます。それが、長岡文雄です。長岡文雄は、奈良女子大学附属小学校の教員を長らく勤め、退職後は、兵庫教育大学、佛教大学でも教鞭を取りました。長岡文雄は一人ひとりが持つ切実な問題は何かを考えました。そして、そこから学習を発展させ、一人ひとりが自分の生き方に迫ることができるような授業を目指しました。大正時代に生まれ、戦前、戦中、戦後の中で、子どもたちと共に実践をしてきた教育者の一人です。

長岡が生きた二十世紀は戦争の時代とも言われました。長岡が生まれた頃、世界では、インフルエンザがパンデミックを起こします。そして、長岡が教員になった頃の一九三九年には、第二次世界大戦が始まりました。日本に関して言えば、日中戦争や太平洋戦争など、昭和史の初めはまさに戦争の連続でした。二十世紀のほぼ半分近くは、世界中で戦争が繰り広げられたと言っても過言ではありません。

戦争が終結後、民主的で平和的な新しい日本がスタートします。そうした中で、長岡は、同僚や子どもたちと共に「奈良プラン」と呼ばれるカリキュラムを生み出し、一人ひとりの生き方に迫る良い授業とは何を模索しながら取り組んできました。

さて、二十一世紀はどうでしょうか。

奇しくも、二十世紀と同じように感染症が世界中に広がりました。新型コロナウィルスの感染拡大によって、日本だけでなく世界中が混乱に巻き込まれ、小中学校の長期休校やオンライン学習を余儀なくされた大学生も大勢いました。情報が錯綜し、何が正しく、何が正しくないかを判断しなければいけなくなりました。そして、二〇二二年にはロシア・ウクライナ戦争が始まりました。それまでにも紛争や衝突はありましたが、国と国がぶつかり合い、わたしたちと同じような生活をしていた人たちが戦争に巻き込まれる様子をテレビやインターネットで見るとは想像もできないことでした。一方で、太平洋戦争の悲惨さや怖さを知る方も大変少なくなり、国内で戦争を軽く扱う雰囲気も感じられます。

こうした混沌とした社会の中で、私たちはどのように生きていけば良いのでしょうか。とくに教師は、どのように社会と向き合い、子どもたちと向き合いながら授業をつくっていけば良いでしょうか。そのヒントとなるのが、長岡文雄という実践家が残してくれたメッセージではないかと考えています。

長岡は奈良女子大学附属小学校を退職後、何冊かの本を精力的に執筆しました。その一冊が、『若い社会科の先生に』(一九八〇年、一九八三年)です。『若い社会科の先生に』は、若い方だけではなく、多くの先生に、授業そのものの楽しさや考え方、その方法について書かれた一冊でした。長岡が残した書籍と出会い、手にとって読んでみると、私が生まれた一九八〇年代に出された本でありながら、驚きや発見がたくさんあります。何十年経っても、読者に感動を与えることができる本はなかなかありません。

今、日本、そして世界は大きな岐路に立たされています。

教師は、子どもたち、社会とどのように向き合うべきか。

長岡の『若い社会科の先生に』をはじめとした書籍から、彼の実践や考えをベースにこれからの授業のあり方を読者の皆さんと一緒に考えていくのが本書の試みです。若い先生方にとって、すぐにできないこともあるかもしれません。しかし、数年後、経験を積むことでできることも多くあると考えています。ベテランや中堅の先生もご自身の実践の振り返りに繋がれば、これほど嬉しいことはありません。長岡文雄の志のようなものを受け取ってもらいたいと思います。

学校の先生や教職希望者の方、そして、教育に関わる方と共に、授業づくりについて一緒に考えていくことができればと考えています。

二〇二一年七月

長瀬拓也

長岡文雄先生について

一九一七年（大正六年）福岡県に生まれる。一九三七年（昭和十二年）福岡県小倉師範学校卒業、福岡県公立小学校訓導となり、一九三九年（昭和十四年）に福岡県小倉師範附属小学校訓導となる。一九四三年（昭和十八年）に奈良女子高等師範学校（現在奈良女子大学）訓導、戦後は、奈良女子大学附属小学校教諭・副校長を務める。兵庫教育大学附属小学校の立ち上げにも関わり、奈良女子大学附属小学校を退職後、一九八〇年（昭和五十五年）兵庫教育大学附属小学校の副校長（教頭）、その後、兵庫教育大学教授となり、一九八三年（昭和五十八年）には佛教大学教授となる。また、一九四二年（昭和十七年）に二十四歳で文部省中等教員検定試験（習字）に合格し、書道教育において小学校国語の書き方（書写）の指導を担当し、その推進に尽力。戦後、文部省検定の教科書制度としては最初の国語「書き方」の教科書を一人で編集執筆し、小学校一年生から六年生までの全十二巻全巻が採用された。学校教育から毛筆が消えようとした時、近畿に書道教育協会を設立し、毛筆習字、書道の復活運動を展開した。

一九七九年（昭和五十四年）に文部大臣より教育者表彰、一九九一年（平成三年）に叙勲。

二〇一〇年（平成二十二年）逝去。

（参考　長岡文雄『私の歩む道』伸光印刷（一九九六）より）

長岡文雄
佛教大学研究室にて。比叡山を望む
（平成元年 11 月,『私の歩む道』より）

目次

第二章　学習者を知ることを出発点に

第三章　〈この子〉をイメージして教材研究を

第四章　子どもたちとカリキュラムをつくり出す喜びを

第五章　子どもを中心に据えて合科で学ぶ

第六章　学習問題をつくろう

第七章　授業を子どもたちと楽しむために

第八章　ノートづくりで自分をつくる

第九章　総合的な学習の時間で探究心を育てる

長岡文雄と授業づくり

序章　さあ、子どもたちと共に

〈この子〉の立場で考える

始業式を迎えるにあたり、どんな学級をひらき、どんな授業をつくっていくか。教師であれば、自然とそうしたことを思い浮かべます。

一方、新しい教室に入り、子どもたちもまた新鮮な気持ちで始業式を迎えます。子どもたちであれば、

「このクラスでやっていけるかな」

「今度の先生は怖いかな。優しいかな」

「明日から給食が始まるな」

「春休み楽しかったな」

「明日の中休みはどんなことをしよう」

などと考えていることでしょう。

始業式で、新しい担任の先生が発表されます。子どもたちは、その先生を見ながら、まず、先生はどんなことを話すのか。そして、この担任の先生と上手くやっていけるのかなと少し不安になることもあるでしょう。そうした四月に、担任の先生が、一人ひとり、名前を呼んで誉めてくれたり、一人ひとりの様子をメモしたり、声をかけてくれたら「この先生とやっていける」ときっと思うことでしょう。「みんな」ではなく、「〇〇さん」と自分の名前を呼んでくれたらとても嬉しい気持ちになることは間違いありません。

私たちは、教育実践をする上で、「子どもの気持ちになって考える」ということを今一度振り返る時ではないかと考えています。そして、子どもたちの気持ちに立つならば、「みんな」ではなく「〇〇さん」と名前で呼んでもらった方が嬉しさも増します。

つまり、「〇〇さん」と〈この子〉の立場で考えることが学級をひらき、授業をつくる時には欠かせないことだと考えています。まず、そのことが本書を通して、みなさんと共有したいことです。

タカラモノを見つけよう

若い先生、特に大学を卒業してすぐ先生になった人は、

「あれもしなくてはいけない」

「これもやらなくてはいけない」

と四月の初めにすることが多すぎて、自分を追い込んでしまいがちです。

「○○しなくてはいけない」

と若い先生が自分自身を追い詰めていくと、子どもたちへの眼差しは狭く険しくなります。

与えられたカリキュラム、もっと言えば、教科書の内容を時間内に終わらせなくてはいけないという思いがどうしても先行します。そうすると、どうしても「こなす」ことに意識が向いてしまいます。「忙しい」の字の如く、多忙は心を失います。そうしたことが続くと、焦りや不安も生まれ、変に力が入り、クラスの子どもたちを叱り飛ばしてしまうこともあります。

そうした中で、まわりの先生が、

「ゆっくりやればいいいよ」

「じっくりと焦らず」

と言えば、若い先生も少しはひと呼吸できるかもしれません。

しかし、ベテランの先生が職場には少なく、若い先生が随分と増えてきました。また、他の先生たちも必死にやっている中で、若い先生が徐々に苦しくなっていくことに気づかない（気づいていてもケアできない）雰囲気になっていく場合があります。

灰谷健次郎の『兎の眼』という小説をご存知でしょうか。(1) 主人公である大学を出たばかりの新任の小谷先生は、なかなか大変な地域の学校に赴任し、クラスの臼井くんの指導に悩みます。ある時、子どもたちの作文を読んでもらおうと同僚の先生に見せに行きます。その先生は、「教育ヤクザ」こと、足立先生。評判が良くないと言われる一方で、同僚の先生からも一目置かれ、父兄の評判は良いとの噂もある先生です。この小説を少し読んでみましょう。

小谷先生が足立先生の教室に行くと、子どもの机の上で寝ている足立先生に出会います。

「先生はいつもそんなふうにねているんですか」

小谷先生がたずねると、

「まあ、な」と足立先生は乱暴な口をきいた。

それでも子どもの作品をよむときは、ちゃんとイスにすわった。

小谷先生のさし出した作品をよんで、足立先生は笑った。

「いい作品だね。こういう作品が生まれるところをみると、まだ、タカラモノをねむらせているかもしれんな」

「どういう意味ですか」

「ほかにもよい作品があるのに、あなたが見落としているかもしれないということ。作品だけでなしに人間もね」

そういわれて、小谷先生はきゅうに不安になった。

「臼井鉄三に手こずっているようだけれど、ぼくの経験からいうと、ああいう子にこそタカラモノはいっぱいいつまっているもんだ」
小谷先生はびっくりした。

（灰谷健次郎『兎の眼』より）

私は、『兎の眼』の「タカラモノはいっぱい」という言葉が大好きです。どの子にもかけがえのない可能性とよさが存在することを感じます。

コンプライアンスが叫ばれる昨今、昭和四十年代の足立先生のような先生はもう存在しないかもしれません。しかし、「タカラモノはいっぱい」だと子どもたちを見るような先生はこれからも大切にしなければいけません。

だからこそ、若い先生は、焦る必要はないのです。肩の力を抜いて、自然体で子どもたちと共に授業をつくっていく姿勢が大切です。学習内容を「こなす」ことではなく、子どもたちを「見る」ことや「（共に）つくる」という姿勢が欠かせません。

〈この子〉のよさをとらえよう

長岡文雄は、こうした、一人ひとりの〈この子〉の内面に迫る実践をしたいと考えました。長岡は、よく「さぐる」という言葉を使います。一人ひとりの子どもが考えていることは何かをよくとらえ、そこから授業をしていました。

私自身、長岡の書籍と出会い、愚直に取り組んできたことがあります。

それは、一人ひとりのよさを見つけることでした。四月のはじめになると、座席表の枠にその子の良いところを見つけて書き込んでいきます。そして、まだ座席表の枠に埋まっていない子を意識して見るようにし、全員書き込むことを目指します。そして、全員が埋まったらまた白紙に戻して繰り返します。そして、一人ひとりの良かったところは、できるだけ通信などで紹介します。もちろん、係を決めたり、当番の仕組みを考えたり、ルールを定めたりもします。しかし、同時に子どもたちのよさを見つけ、どんなことに関心があるのか探すようにしています。

これは誰に言われるまでもなく、自然と取り組んでいました。きっと長岡の本を読み、まわりの先生たちの姿から着想を得たのだと考えています。

四月はよさ見つけとルーティンづくり

私が、四月に心がけていることは、よさ見つけとルーティンづくりです。

よさ見つけとは、先ほど述べたように、四月に出会った子どもたちのよさ見つけ、つまり、子どもたちの中にある「タカラモノ」を探すことです。

そして、ルーティンづくりとは、朝学校に来て、教室で過ごし、帰るまでの自分なりの仕事の仕方、リズムを整えることです。

秋田喜代美は、教師の仕事は、「無境界・複線性・不確実性」であると述べています。(2) 教師の仕事は、終わりがなく、同時に様々なことが予期せぬ形で起こるということです。

その上で、例えば、

・帰る時間を決める
・自分がどれぐらいで宿題を見ることができるかを把握する
・教材研究や授業の準備をどれぐらいするか考える

など、自分の仕事の仕方やできること、できないことを把握し、一日の仕事の仕方をある程度決め、予期せぬことにも対応できるように備えます。それでも上手くいかないのがこの仕事の特徴でもありますが、やみくもに仕事をしていても終わりません。だから自分で終わり方を決めます。

そして、そのルーティンの中で、一番大切にしたいのが、目の前の子どもたちを見る、ということです。

実際、この仕事を続けていると、様々なことが起きるので、その対応に追われ、なかなか子どもたちを丁寧に見ることができません。そのため、意識を持ち続けていくことが求められます。

子どもを知らないと学級はつくれない

よさ見つけと仕事のルーティンをつくりながら、学級と授業を子どもたちと共につくっていきます。三十代の頃に、学級づくりには、大きく五つの視点があると考え、実践をしてきました。(3)

それは、
・目標づくり
・関係性づくり
・ルールづくり
・教室文化づくり
・システムづくり
の五つの視点です。この視点には、河村茂雄の研究から学んだ多くのことが活かされています
目標づくりとは、学級目標やこのクラスが集団として、何を目指し、何を大切にしていくかを子どもたちとどうやってつくっていくかを考えることです。

関係づくりとは、「子どもたちと先生」、「子どもたちと子どもたち」といった関係をつくり上げていくことです。

ルールづくりには、クラスの中での生活のルールや学習の決まりも含まれます。

教室文化づくりとは、クラス遊びやレクなどの企画や教室で流行っていることや雰囲気づくりなど、居心地の良い教室にするための取り組みです。

システムづくりとは、給食当番や日直、係活動など、様々な役割や仕事の分担、進め方などを定

め、定着させていくことです。

この五つの視点で大切にしたいことは、教師として、何を重要にするかということです。五つの視点で大切にしたいことを全て行うことはオーバーワークになってしまいます。そして、その先生に合ったその先生らしいクラスにするためには、五つの視点に強弱をつけることが求められます。そのため、担任として何を大切にしたいか、何を優先にしたいかを考えることが必要です。

例えば、ある先生は、

① 関係性づくり
② 目標づくり
③ 教室文化づくり
④ ルールづくり
⑤ システムづくり

という順位で、関係づくりを基盤とした学級づくりをするかもしれません。また、ある先生は、

① 目標づくり
② ルールづくり
③ 関係性づくり
④ システムづくり
⑤ 教室文化づくり

という順位で、目標やルールをしっかりと定めた学級づくりにするかもしれません。どちらかが正しいのではなく、その先生の個性に合っていれば、どちらも大切だと言えます。

その上で、必要なことは、やはり、長岡が述べているように、「子どもにせまっている」か、つまり、子どもを知ることができていないと、関係性も目標も生まれません。だからこそ、子どもを知ろうとする姿勢が欠かせないのです。

学級をひらくために私が大切にしていること

その上で、学級をひらくために、私が大切にしていることが七つあります。

ルール1　目の前の子どもを見る。
ルール2　自分を信じる。
ルール3　たくさん記録をとる。
ルール4　時間を決めて仕事をする。
ルール5　さまざまな実践にチャレンジする。
ルール6　先輩のアドバイスや技術から学ぶ。
ルール7　本を買い、少しでも良いので読む。

ルール2に「自分を信じる」としたのは、若い頃は上手くいかないことや不安なことがあったり、様々なアドバイスに左右されて自分が信じていることとは違うことをしてしまったりすることがあるからです。そのため、目の前の子どもたちを見たら、自信を持って取り組むことも大切です。すぐに結果は出なくても、あきらめず、粘り強く続けることが必要です。しかし、わがままになってもいけません。ルール6にあるように先輩からアドバイスや技術を学ぶことも大切です。

そして、とくに若い先生に伝えたいのは、様々な実践にチャレンジするということです。

自分を信じてガムシャラに色々な実践に取り組んでほしい。ただし、そこでは常に子どもたちを見て、子どもたちを思い浮かべて、子どもたちにとってベストの選択を選んでほしいと考えています。そうすると、自分らしい学級、自分らしい授業が描けると考えています。

授業づくりは、問いを探す旅

「子どもが夢中になって調べ、ずっと話し合い、自分たちで学び合う授業」

これが常に私が求めている授業の姿です。

しかしながら、その道は険しくなかなか上手くいきません。

その上で、授業は問いを探す旅だと考えています。

・夢中になって調べたい

・話し合いを続けたい
・時間が過ぎても学びたい
と子どもたちが自律的に動き出すには、子どもたちの心に灯火をつけるような問いが必要です。

そのため、授業づくりは、子どもたちを見つめ、その問いを探す旅だと私は考えています。

毎年子どもたちは変わります。持ち上がりでも、去年と今年では、子どもは大きく成長します。そのため、必ずしも正しい答えや方法はありません。だからこそ、子どもたちを知り、子どもたちと共に、最適な問いを探していくことが求められます。その問い探しを長岡文雄という実践家の考えから紐解いてみましょう。

引用・参考資料
（1）灰谷健次郎（一九七四）『兎の眼』理論社。本書では、一九九八年の角川文庫『兎の眼』一六～一七頁を引用。
（2）秋田喜代美（二〇一五）「教職という仕事の性格」『新しい時代の教職入門（改訂版）』有斐閣、一一～一五頁。
（3）学級経営の五つの視点については、長瀬拓也『ゼロから学べる学級経営―若い教師のためのクラスづくり入門』明治図書が詳しい。なお、野中信行（『学級経営力を高める3・7・30の法則』学事出版、等）や河村茂雄『学級集団づくりのゼロ段階―学級経営力を高めるQ－U式学級集団づくり入門』図書文化、等）の考えも参考にしながら実践をしてきた。

第一章　出会いを大切に

自分の「師」となる人との出会いを大切に

これから教師を目指す方、そして、今、先生として第一歩を踏み出そうとする方に、ぜひ、「これだけはしてほしい」と願うことがあります。

それは、自分の「師」を見つけることです。

つまり、教師として、自分が「このようになりたい」と憧れるような存在に出会うことが欠かせません。

齋藤孝は、「あこがれにあこがれる関係性」(1)が教師の資質には欠かせないと説きます。

・自分自身が新しい世界にあこがれ、学び続け、まわりのあこがれを誘う

・他者のあこがれに沿う

という二つのベクトルが教師の資質や力であるとしています。

齋藤は、「教師の構えの基本には、新しい世界に今あこがれているというベクトルの感覚」があるように思えるとし、「あこがれる身体性こそが、教師の専門性の基本をなすものである」と述べます。自分が理想とする教師にあこがれ、自分自身が学び続けることは、齋藤が述べるように、教師としての構えにつながります。

長岡文雄との出会い

私は、高校を卒業後、佛教大学という京都にある私立大学に入学しました。高校生の時に教師だった父を亡くし、まずは小学校の教員免許を取得し、教師を目指そうと考えました。今のように、小学校の免許を取得できる大学は多くはありませんでした。そこで、自分の進路を色々考えた結果、この大学に決めました。

しかしながら、入学後、なかなか講義に打ち込めない自分がいました。「もっとやりたいことがあるのではないか」「もっと学びたいことがあるのではないか」と悩む日々が続きました。そんな時、出会ったのが、長岡文雄の書いた本でした。長岡は、私がいた頃は、すでに佛教大学の教員を退職していたのですが、長岡が執筆したテキストが大学には多く残っていたのです。

ある日、大学の図書館の書庫にふらふらと入っていきました。大学の地下には書庫があり、普段目にすることのないような本がたくさんあります。そこで、何か良い本はないかと立ち寄った時に、たまたま目にしたのが、「長岡文雄」の名前でした。「昔、うちの大学にいた先生だった人かな」と、何気なく手に取ったのが、長岡文雄編『社会科教育』（佛教大学）であり、しばらく読んでいくと強く共感する言葉に出会います。それが、「〈この子〉の成長にせまる」という言葉でした。(2)

「〈この子〉の成長にせまる」

「一人ひとりを大切にしなさいとよく言われるけど、この先生（長岡文雄）は本当の意味で、一人ひとりを大切にしている人なんだ。そして具体的な方法も持ち合わせている」

と、夢中になって読みました。

「これはすごい。この本が欲しい」

と思いました。読んでいて、誰かに話したい、伝えたいと思うほど、ひどく興奮していたのを覚えています。

幸運なことに、当時、この本は、佛教大学の通信教育のテキストだったので、すぐ手に入れることができました。また、長岡先生が勤められていた奈良女子大学附属小学校にまで何回か足を運び、授業を見せていただいたこともありました。もちろん、長岡先生はいらっしゃいませんが、長岡イズムにふれたような気持ちになりました。

学校現場での苦労の中で

長岡文雄との出会いのあと、私は小学校の教員として横浜市の公立小学校で働き始めました。最初は、失敗の連続でした。授業はなかなか上手くいかず、悩むことも多くありました。こうした失敗を繰り返す中で、少しずつ、少しずつ、自分ができることも増え、手応えを感じるようになりました。しかし、同時に「〈この子〉の成長にせまる」授業ができているかと問い直すことも多く、再び、長岡のことを思い出すようになりました。

「もう一度長岡先生の本を読んだ時のことを思い出して授業を子どもたちとつくっていこう」

そう考えた私は、長岡文雄の本を探すことから始めました。

しかしながら、長岡が書いた本は、現在ではほとんど手に入れることはできません。現在は、佛教大学のテキストとしても使われず、書店にもありません。アマゾンやインターネットの古書店などでかなり高い値段で取引されています。最近ではメルカリなどのフリーマーケットサイトで手に入れられるようになりましたが、大変希少価値の高い本になってしまいました。その中で、今でもお金をためて少しずつ長岡文雄の本を集めています。また、以前に黎明書房で本を出版させていただく機会があり、そこでいただいたのが、長岡文雄著『若い社会科の先生に』（黎明書房、一九八三年）でした。こうしたご縁が本書に繋がっています。

長岡文雄先生について

長岡文雄を知る先生は大変少なくなっていると感じています。

有田和正は、長岡に師事し、その後、意見が異なり、「長岡有田論争」と言われる教育実践史にも名を残した教師です。長岡よりたくさんの書籍を出し、今でもファンの先生が多くいます。しかし、そんな有田和正ですら知らない先生も多く、長岡のことを知らない先生はもっといるでしょう。

そこで、長岡文雄について簡単ですが、紹介させてください。(3)

長岡文雄は、一九一七年(大正六年)福岡県八女郡光友村(現在の八女市)に生まれました。戦前の軍国教育の中ではありましたが、通学した光友小学校では、「木下竹次の奈良の学習法」が学ばれていて、その影響を受けました。教えてくれた先生たちも奈良の学習法を学び、授業に活かしていたと長岡は述べています。その後、進学する中で、書道に出会い、夢中になりました。

一九三七年(昭和十二年)に福岡県の小倉師範学校を卒業、福岡県公立小学校訓導となります。まだ十九、二十歳の頃です。そして、その後、一九三九年(昭和十四年)に福岡県小倉師範附属小学校訓導となり、一九四二年(昭和十七年)に二十四歳で文部省中等教員検定試験(習字)に合格し、書道教育において小学校国語の書き方(書写)の指導を担当し、その推進に尽力します。

一九四三年(昭和十八年)には、奈良女子高等師範学校(現在奈良女子大学)訓導となり、終戦を奈良で迎えます。ちなみに、訓導とは、第二次世界大戦前までの尋常小学校などの教員の役職の一つであり、教諭のようなものと考えて良いでしょう。終戦後は、奈良女子大学附属小学校教諭となり、文部省検定の教科書制度としては最初の国語「書き方」の教科書を編集執筆し、小学校一年生から六年生までの全十二巻全巻が採用されました。学校教育から毛筆が消えようとした時、近畿に書道教育協会を設立し、毛筆習字、書道の復活運動を展開しました。

また、奈良女子大学附属小学校教諭として、戦後のカリキュラム作成に大きく関わり、「奈良プラン」の作成と実践に取り組みました。毎年、研究発表会になると、長岡文雄の授業を見に全国から多くの教員が集まりました。奈良女子大学附属小学校の最後の年には、副校長を務め、退職後は兵庫教育大学附属小学校の立ち上げにも関わりました。一九八〇年（昭和五十五年）兵庫教育大学附属小学校の副校長（教頭）、その後、兵庫教育大学教授となり、一九八三年（昭和五十八年）には佛教大学教授となりました。この頃書いた本は大学の図書館などで読むことができます。一九七九年（昭和五十四年）に文部大臣より教育者表彰、一九九一年（平成三年）に叙勲を受け、二〇一〇年（平成二十二年）に逝去されました。

長岡文雄の著作は次のようなものがあります。購入することは極めて困難な状況ですが、国立国会図書館や大学などの図書館で読むことができるでしょう。

単著

『自治會の指導―私は自治制をどうして育てたか』新教育社（一九四七）

『文部省検定教科書小学校国語書方』（全十二巻）東京修文館（一九五〇）
『学習力をつける小学校四年の社会』文英堂（一九五九）
『考えあう授業』黎明書房（一九七二）
『子どもをとらえる構え』黎明書房（一九七五）
『子どもの力を育てる筋道』黎明書房（一九七七）
『合科教育の開拓』黎明書房（一九七八）
『学級づくりと学級会活動』（小学一年）明治図書（一九七九）
『若い社会の先生に』黎明書房（一九八〇）＊後に『ハンディー版　若い社会科の先生に』と改題し、
並製本で出版された。
『〈この子〉の拓く学習法』黎明書房（一九八三）
『学習法の源流―木下竹次の学校経営―』黎明書房（一九八四）
『教育方法学』佛教大学（一九八八）
『授業をみがく―腰の強い授業を―』黎明書房（一九九〇）
『生活科概論』佛教大学（一九九二）
『生活科教育』佛教大学（一九九二）
『私の歩む道』伸光印刷（一九九六）
共著

『たしかな教育の方法』秀英出版（一九四九）
『文部省検定教科書社会科』大阪書籍（一九五〇〜二〇〇〇）
『正しいしつけ』秀英出版（一九五〇）
『子どもの解明と学習』蘭書房（一九五六）
『新教育十年』黎明書房（一九五七）
『わが校五十年の教育』奈良女子大学文学部附属小学校（一九六二）
『「なかよし活動」と道徳指導』明治図書（一九六四）
『子どもの思考と社会科指導』明治図書（一九六五）
『社会科の授業研究　第７（発表学習のさせ方）』明治図書（一九六六）
『評価を生かす社会科指導』明治図書（一九六七）
『創造的学習の要件』明治図書（一九六八）
『問題解決学習の展開—社会科二〇年の歩み』明治図書（一九七〇）
『人間像と教育・その実践』明治図書（一九七一）
『社会科わかる教え方　総論編（社会科をどう教えるか）』国土社（一九七三）
『新教育の探究者　木下竹次』玉川大学出版部（一九七二）
『新訂学習カラー百科１　日本の地理』学習研究社（一九七二）
『学級教育事典二』帝国地方行政学会（一九七二）

『学習法の体得』明治図書（一九七四）
『学び方の授業展開（一・二）』講座学び方の実践2、黎明書房（一九七四）
『社会科の初志をつらぬく会授業記録選第一集』明治図書（一九七四）
『日本の社会科をどうするか第二巻』実践的研究、明治図書（一九七四）
『授業研究大事典』明治図書（一九七五）
『社会科ゆさぶり発問』明治図書（一九七六）
『学習法指導体系全五巻』明治図書（一九七六）
『社会科の初志をつらぬく会授業記録選第二集』明治図書（一九七六）
『総合・合科学習の教育課程化』授業研究資料1、明治図書（一九七七）
『改訂小学校学習指導要領の展開総則編』明治図書（一九七七）
『新学習指導要領の指導事例集　小学校社会科「新しい低学年の指導」』明治図書（一九七八）
『小学ベスト教科事典第三巻　社会』学習研究社（一九七九）
『新版社会科わかる教え方二年』国土社（一九八〇）
『若い教師のための授業講座第三巻「授業を深める」』教育出版（一九八一）
『教育方法小学校社会』日本標準（一九八一）
『学級教授論と総合学習の探究』日本教育方法学会編、教育方法12、明治図書（一九八三）
『いま、なぜ合科・総合学習か』日本標準（一九八三）

『いま授業で何が問われているか』日本教育方法学会編、教育方法13、明治図書（一九八四）
『子どもの人間的自立と授業実践』日本教育方法学会編、教育方法14、明治図書（一九八五）
『個を育てる社会科指導』黎明書房（一九八八）
『新しい初等教育の原理』ミネルヴァ書房（一九八八）
『社会科概論』佛教大学（一九九三）
『社会科教育』佛教大学（一九九三）
『日本の教師第二〇巻』教師の教育研究（吉村敏之氏稿資料）、ぎょうせい（一九九三）

長岡文雄に衝撃を受けた有田和正

長岡文雄にあこがれた教師の一人に有田和正がいます。

有田和正は先ほど述べた通り、小学校の社会科実践において大変著名で、一時代を築いた方でもあります。その有田は、若い頃、長岡文雄に出会い、大きな衝撃に出会ったとのちに振り返っています。(4) 有田は、奈良女子大学附属小学校の研究発表会で、長岡の二年生の授業（ポストの発表会）を見て、

授業が始まった。5分も経たないうちに、脳天をぶんなぐられたような強いショックを受けた。

そして、感動した。物心ついて以来、これほど感動したことはなかった。私は全身全霊をあげてこの授業に参加した。吸収しようなんて考える余裕はなかった。

と振り返っています。有田によれば、指導案にたった二行書かれた「グループで作ったポストの模型について発表し、比べ合う」の内容の豊かさに驚かされます。二年生の子どもたちが郵便ポストをつくり、発表するのですが、いずれも欠陥ばかりであり、その欠陥を見つけ、どのように困るか考え合う授業でした。そのため、「教科書や参考書にあるような一般的なことを言う子どもは一人もいなかった。みんな自分の体験に基づいたものばかりで、実にユニークな発言ばかりで、私はゆさぶられっぱなしであった」そうです。そこで、有田は、

ポストの授業に偶然出会ってから、新しい目標が生まれた。長岡先生を追いかけ、追いつくことである。先生の著書は全て集めて読んだ。それも2回も3回も。講演会があるといえば、少々遠くても駆けつけて聴いた。何年か努力したが、どうしても進歩した気がしない。そこで年休を取って、1週間、長岡先生のもとで教育実習をやり直した。ふだんどんな授業をしているのか、つぶさに観察して、記録に取った。

と述べています。

今で言えば、「追っかけ」のような存在だったでしょう。しかしながら、今のようにＳＮＳもない時代です。動画で簡単に見られる時代でもありません。コンタクトを取るのも一苦労、本を買うだけでも時間が掛かります。だからこそかもしれませんが、有田は何度も「あこがれの長岡文雄」を追いかけ、追いつこうとします。まさに、齋藤が述べる「あこがれにあこがれる」存在だったと言えるでしょう。一人ひとりの〈この子〉の成長にせまる長岡にあこがれる有田の学びがこのエピソードからも伝わると思います。

あこがれは連鎖する

私は、横浜市で小学校の教員をしている時、岩手県の佐藤正寿さんの実践に強くあこがれ、書籍を買い、講演会で話を聞きにいくことがありました。また、ＳＮＳも広がってきた時代でしたので、佐藤さんのブログを毎日チェックし、メールなどで連絡を取り、私の地元に来ていただき研修会を開くこともありました。今でも私の「あこがれの存在」です。

ちなみに、佐藤さんは、有田の弟子と言っても過言ではない方です。

「長岡にあこがれる有田、有田にあこがれる佐藤、佐藤にあこがれる私（長瀬）」

というように、あこがれが連鎖しているのがとても興味深いと言えます。

これから先生になる方や若い先生は、こうした強いあこがれとなるような人との出会いがきっとあります。それは、実際に授業を見せてくれた方かもしませせん。本で出会った方かもしれません。

また、教師ではない方かもしれません。

しかし、どのような方であっても出会い、縁を大切にしてほしいと思います。

そして、何よりも学んでほしい存在がもう一つあります。

何よりも学ぶべき存在は、目の前の子どもたち

長岡は『若い社会科の先生に』（黎明書房）の中で、

「若い」ということは、一心に取り組めるし、失敗を許されるということでもある。きずつくことをおそれず、誠実に問題と取り組みたい。同僚からも指導者からも、遠慮なく助言を受けられるようにしたい。教師が人間として立派に生きていれば、子どもたちも、教師に対して、素直になり、「先生、わかりません」「先生、きょうのはおもしろかった」「先生、もっとこうするとよくわかると思うけど」というように反応して助言してくれる。子どものこのような助言をていねいに聞きながら、自らを磨いていくようにしよう。

と述べています。(5)

つまり、目の前の子どもたちがあなたにとっての「師」（先生）です。

子どもたちとの出会いはかけがえのない縁です。そうした、出会いをもとに学びたいものです。子どもによっては、一年を通してうまく関係を築くことができないこともあります。私自身にもそうした経験がたくさんあります。

しかし、そうしたことも含め、子どもたちから学んでいく姿勢が欠かせません。子どもたちの声を参考にしながら自らを磨いていくことは教師として大切にしたい資質の一つと言えるでしょう。

引用・参考資料

（1）齋藤孝（一九九七）『教師＝身体という技術　構え・感知力・技化』世織書房、i～iii頁。
なお、同様の内容は齋藤孝（二〇〇七）『教育力』岩波新書、にも詳しく書かれているので参考にすると良い。
（2）長岡文雄（一九九二）『社会科教育』佛教大学、七〇頁。
（3）長岡文雄（一九九六）『私の歩む道』伸光印刷を参考。この本は、私家版であったが、環太平洋大学の伊住継行先生にご縁があり、いただいたものである。
（4）有田和正「今、先生方に話したいこと」『そよかぜ通信　13年春号』教育出版。
https://www.kyoiku-shuppan.co.jp/tsushin/files/13ss_05seikatu.pdf
（5）長岡文雄（一九八三）『若い社会科の先生に』黎明書房、一七八頁。

第二章　学習者を知ることを出発点に

子どもたちを「知ろう」とする構えを

学級目標をつくり、係を決め、当番を定め、クラスのルールを定着させることは、四月はじめの大きな仕事です。とくに四月は多忙です。多くの時間を取れない中で、より効果的に学級を組織し、学ぶ集団に育てていくことは必要なことです。

しかし、

・子どもたちが何を考えているか。
・子どもたちのよさを見つけようとしているか。
・子どもたちがお互いのよさを見つける関係を求めているか。

と、子どもの内面を丁寧にとらえ、そこから学びに結びつけていく営みが同時に必要です。こうした、一人ひとりを知り、関係性を築いていくことを疎かにしていると、子どもとの関わりが上手くいかなくなります。もっと言えば、一人ひとりを「知ろう」という教師の構えがないと、子どもたちと良い関係が築けません。私自身、そうしたことが原因で、学級が苦しくなったこともありました。授業は、子どもたちと一緒につくりあげていくストーリーの連続だと言えます。

その上で、長岡文雄は子どもの切実な問題は何かを考え、「いかにして学習を〈この子〉から出発させるか」と、一人ひとりの学びを大切にした授業を展開しました。

〈この子〉から始める

長岡は、「子どもたち」と一括りにせず、〈この子〉と具体的に、一人ひとりの理解に努めることが大切だと説きます。(1)

私は、「一人ひとり」「その子その子」ということばに、あきたらない。第三者的にひびく。教師としての愛情や責任がわいてこない。それで、私は、〈この子〉と呼ぶことにした。〈この子〉は、教室で眼前に座る、具体的な名まえを持つA男、B子である。授業中、「この授業は、A男にとってどういう意味が生じているかな」と心をつかう対象である。はっきりと、正面に据えて指さそうとする〈この子〉である。

私たちは、これまで「一人ひとり」、「個性」、「個別」といった言葉とその大切さを学んでいると思います。確かにどの言葉も大切です。しかし、一人ひとりの子どもたちには「○○さん」のように名前があるということを忘れがちです。授業を考える時、目の前の子どもたちを思い出してみてください。学生の方であれば、自分の子どもの頃の教室やアルバイトやボランティアで関わっている子を思い浮かべてみても良いでしょう。そのために、まず〈この子〉と一人ひとりの名前とそのよさを知ろうとすることが欠かせません。

〈その子〉の側に立つ

私は、校門をくぐって登校する子どもを指さし、「この子にとって、きょうの学校とは何か」と、問うことにしている。また、下校する子どもを、一人ずつ指さし、その子の内面にあるものを想ってみる。「どんな話題をもって家路につくか、足どりはどうか、きょうの学校は、彼にとって、どういう意味をもつものであったろう」と考えてみる。

と、長岡は述べています。(2)

私たちは、

・今日の授業がどうだったか。

・授業ではどんな発言があったのか。
・課題は何だったのか。

と考えることは多くあります。しかし、本当に大切なことは、その子、その子にとって、「どんな話題をもって家路につくか、足どりはどうか、きょうの学校は、彼にとって、どういう意味をもつものであったろう」と考えることではないでしょうか。つまり、その子、この子にとっての学びがあったのか、もっと言えば、学校でどのように過ごしていたのか思いを巡らせることだと言えるでしょう。子どもたちの顔を思い出しながら、「この教材なら話し合うことができるのではないか」「この授業でやってみたらうまくいくのではないか」と考えていくことが授業づくりのスタートだと言えます。

力を抜いて、子どもと一緒に授業をつくっていく

谷口陽一は、「『学級全員について、その日の言動を思い出せるか』を放課後や帰宅後に、自分に問う」ことが大切だと述べています。そして、「シンプルな方法ですが、〝学級全員〟〝その日〟と条件があるため難しさが増してきます。おそらく、ほとんどの人が、学級全員については思い出せないでしょう。思い出せるのは、5～6名なのか、10名なのか、20名なのか……。まずは、やってみて自分の現状を自覚しましょう」と述べています。(3)

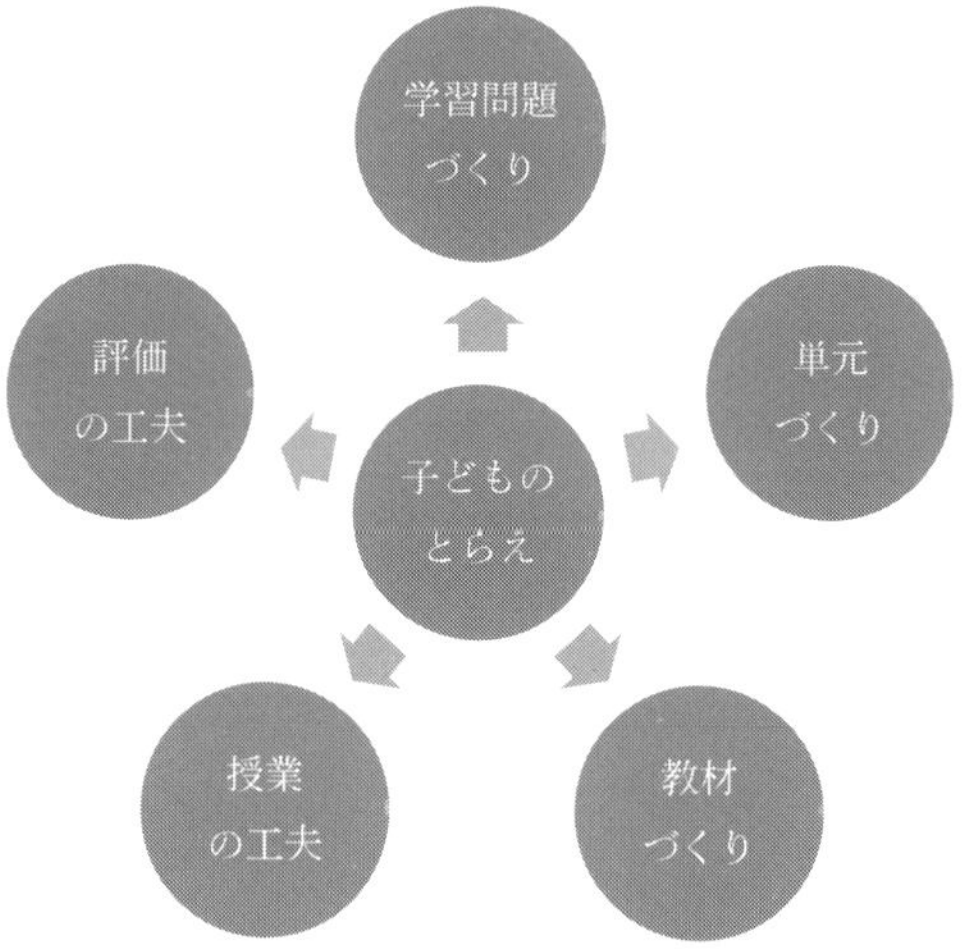

図2-1　子どものとらえと授業づくりの視点（著者作成）

つまり、谷口が述べているように、子どもを知ること、振り返ることは簡単にはできません。そのため、谷口が紹介するように「5日間のどこかで思い出す」などの方法を身につけ取り組むことが欠かせません。自分なりの子どもを知る方法を見つけることが教師としてステップアップできる一つの手立てだと言えます。

私は大学を出たあと、すぐに小学校二年生の担任になりました。大学で学んできたことを生かして授業を進めていこうととても張り切り、毎時間の発問や板書計画をして授業に臨みました。しかし、子どもたちはなかなか集中できず、一向に上手くいきませんでした。

困っていた時に、大学生の頃、奈良女子大学附属小学校で見た小幡肇先生(4)の授業を思い出しました。それは、子どもたちが熱心に伝え、取り組む姿でした。そこで、思い切って子どもたちに春さがしを提案し、校庭に春のものを探し、それを画用紙に貼る活動をしました。そこで、ようやく、子どもたちと一緒に授業をつくっていくことの大切さやコツのようなものをつかむことが少しずつできるようになったのです。

私にとって、その時、何が足りなかったのか。

それは、子どもたちの顔を思い浮かべながら授業を考え、子どもたちの顔を見て授業をしていなかったのだと気づきました。発問や板書を計画することは大切なことです。書籍を読み、実践していくことも、もちろん大切です。でも、一番必要なことは、力を抜いて、子どもたちの良さを見つけ、子どもたちと一緒に授業をつくっていくことだと気づきました。

長岡の「子どものとらえなおし」に学ぶ

長岡文雄は「子どもをとらえるという営みが、そのまま、『教師が人間として子どもに学ぶことだ』」と述べ、おさえるべき二つの要件があると言います。(5)

それは、第一に、「子どもが表現すること」であり、「学習が白熱すれば、子どもの自己表現は活発となる。子どもが多面的な表現の場を得て、自由に自然に本音を出してくるようにしたい」ということ。第二に、「教師は毎日子どものなかにいながら、案外子どもを見ていない。『見ていない』というより『見えていない』というほうがいいだろう」とし、たえず子どもをみる「眼を磨き続けなければならない」とします。

その上で、子どもたちをとらえる時には、

①教師につきあわせる諸調査をつつしむこと
②形式的、羅列的に流れないこと
③学問の成果によりかかりすぎないこと
④安易に「子どもはわかった」と思いこまないこと
⑤問題をもってさぐること
⑥愛情で貫いていくこと
⑦分析にとどまらず、総合を大切にすること
⑧各方面でのあらわれをつないで考えること
⑨長い間追い続けること
⑩自分の手法を創造すること
⑪他の人の気づき方に耳を傾けること
⑫ひとりでできる手法を創造すること

を配慮することが大切だと述べています。(6)

ちなみに、「③学問の成果によりかかりすぎないこと」とは、長岡は、「調査は科学的に行うことが必要なのはいうまでもない。心理学や社会学の力を借りて諸調査をし、それを活用するのはよい。しかし、調査の結果を信頼しすぎて、自分の眼でなまの子どもを見ることをおろそかにすることが

授業風景（時期不明，長岡二朗氏提供）

ないように注意したい」と述べています。

また、「⑦分析にとどまらず、総合を大切にすること」とは、「調査では、細かく分析することが多くなりやすいが、これを総合することによって、全体としてとらえて生かすように努めたい」と述べています。

こうした長岡の指摘は現在の子ども理解においても大変示唆に富むものだと言えるでしょう。

様々な方法で「子どもをとらえなおす」

その上で、長岡は、子どもをとらえる手立てとして、次の九つのことを大切にしています。(7) 要点をまとめると、次のようになります。（　）内は、私の補足です。

①　いつ、どこからでも、驚きを中心に

子ども理解のきっかけは、やはり、教師自身の、子どもに対する疑問からである。オヤっと心にかかった子どものあらわれが理解の入り口となる。

②　いろいろな生活の場でさぐる

授業時に限らず、遊び時間や放課後、家庭生活など、二十四時間生活のなかで子どもをとらえたい。授業の時間についても、教科のちがいや、指導教師のちがいによって、子どものあらわれにちがいが生じやすいので、そのちがいを大切にとらえて吟味していきたい。

③　子どもが本音をあらわしやすい要所で

本音を出す場がどこにあるかを見定めたい。録音や録画は、このような要所において威力を発揮する。（とくに、）子どもたちの「つぶやき」には、本音がのぞきやすい。

④　子どもが本音をあらわす場をつくる

子どもの自然なあらわれをとらえていくとともに、学習を動的にして、子どもの本気な体当りの学習の場が生まれるように計画していく。

⑤　ひとりひとりのカルテや座席表をつくっていく

（医師におけるカルテにあたるものをもち、）座席表には、「この子にどういう意味をもつ授業とすべきか」を考えて記入していく。たとえ数人の子どもでもよい。「カルテ・座席表」の名称はどうでもよい。要は実質である。

⑥　子どもをとらえなおしながら

「子どもを理解する」ということは、「子どもをとらえなおすこと」でありたい。今までの教師のとらえ方では理解できないような子どものあらわれを大切にして、子どものイメージをえがきなおすとともに、教師の評価の尺度を吟味しなおしたい。

⑦　子どものあらわれを考察する力を養う

子どもは「表現したところに居る」というより、「表現した近くに居る」とみなければならない。

そして、（子どもの表現には限界があるので、）子どもの片言をていねいに吟味できる力を磨きたい。

⑧　「子どもがする評価」を大切に

子どもがする評価には、するどいものがある。授業に対しても「もっとこうしたら」という提案ももつ。このような子どもの声をもとにすると、子どもへの理解が深まりやすい。

⑨　子どものねがいに迫る

「子どもをとらえる」ということは、「子どものねがい」をとらえるということでもある。子どものねがいは、子ども自身が口に出してただちに言えるものばかりではない。真のねがいは、子どもの行動をささえて奥の方にあると思われる。いつも話題にしていること、どうかしたときはげしくこだわることなどによって、かれが何をねがい続けているのか、そのねがいの質はどういうものかどんな構造を持っているかが明らかにされやすい。

このように、長岡の子ども理解の視点を参考に、教室で子どもたちを見ていくことは、新しい子どもの姿を見ることにつながります。つまり、長岡の言う自分が抱いていた子どもに対する「とらえなおし」ができます。教師自身が子どもたちを多面的、多角的に見ることができます。

その上で、長岡は、

①　「近ごろ変わったこと」をテーマに月例作文を続ける

②　朝の会で「友だちの話」の時間をとる

③「毎日帳」や「わたしの考え帳」を書く
④学習ノートで自分の考えを書き込む
⑤行事とのかかわりで様子をとらえる
⑥親（保護者）との対話で理解を深める
⑦遊び時間の会話や様子から理解をすすめる

を実践しました。(8)

長岡は、「近ごろ変わったこと」をテーマにした作文を毎月中旬に定期的に書かせていました。長岡は、「この作文は、子どものカルテ作製の最も重要な資料を提供するもの」(9)とし、「この作文を読まなければ、たちまち子どもに立ち入ることができなくなる」(10)と述べており、長岡の子ども理解の大きな位置を占めるものと言えます。また、朝の会で、輪番で二名ずつ自分の話したいことを自由に話し、みんなの質問を受けたり話したりする「友だちの話」の時間を設定し、自分たちで徹底的に納得するまで話し込ませていました。また、長岡は二年生までは、全教科のノートを一つのノートですますような学習の進め方をし、日記も含め、行動したことや発見したこと、考え込んだことなどを家庭でも学校でも書き込ませていく「なんでも帳」や「毎日帳」を作らせ、高学年では、「わたしの考え帳」を持たせました。また、書くことだけではなく、遊び時間や普段の様子などからも子どもたちの理解に努めました。そして、長岡はそうした子どもたちの声を拾い、教材化に努めました。(11)

このように、日記やノート以外でも、子どもたちの観察を通して、子どもたちの「声」を拾い上げることはとても効果的です。子どもを理解する方法は多くあり、例えば、谷口陽一の「全員のその日の言動を思い出す」方法や福山憲市の『一人ひとりを見つめる子ども研究法の開発』（明治図書）、竹沢清の『子どもが見えてくる実践の記録』（全障研出版社）などは大変参考になります。

私の場合、谷口や社会科の初志をつらぬく会の取り組みを参考に、机列表をつくり、そこに思いつくままに一人ひとりの良いところを書いていきます。そうすると書いていない（見えていない）子がすぐ分かるので、重点的に見ようと意識します。また、「この週で全員良いところを見つけよう」「この単元で良いところをまとめておこう」と目標を持って取り組むようにします。そうした活動に加え、良かった姿を学級だよりで伝えていきます。「伝える」という目標を持つことで、一人ひとりの良いところを見つけようと自分自身を励ましています。

記録と記憶でつながる先生に

子どもを理解しようと「みる」「とらえなおす」という教育的な行為をくりかえすことが授業づくりに欠かせないことは、ここまでの中で理解していただけたと思います。その上で、子どもたちと、「記録と記憶でつながる」ことも大切だと考えます。

記録でつながるとは、子どもたちの様々な様子をメモしたものです。長岡も述べていましたが、形式は先生が取り組みやすい方法で良いと思います。とにかく、子どもたちの様子をメモし、記録を残していきます。課題を書くことも大切ですが、私は、よかったこと、頑張ったことも記録するようにしています。

そして、記憶でつながるというのは、子どもたちとよくお話をし、会話をし、笑い、遊ぶということです。谷口の実践のように、放課後、今日関わった子や話した子、逆に話していない子を振り返ることもあります。また、時に叱りながらも、その子の違う面も記憶に残そうと意識します。

このように、子どもたちを記録と記憶でつながるように心がけ、そのことを元に、授業を組み立てていきます。これは、小学校や中学校だけではなく、高等学校や大学でも同じだと思っています。

以前、こんなことがありました。

ある大学で講義をしていた時のことです。その年は、新型コロナウイルスの流行拡大で、ほとんどがオンラインでの学習でした。そこでビデオを見て課題を提出してもらっていたのですが、一人ひとりに簡単なコメントをつけて返していました。顔をお互いに見ることができなかったので、文章からどんな学生なのだろうと思いを寄せながら少しだけコメントをつけていきました。講義が終わった後、学生の方から、それが大変励みになったり、やる気に繋がったりしたと教えてもらい、とても嬉しかったことを覚えています。

このように、大学生でも大人になっても記録と記憶を残しながら学習者とつながっていくことはとても大切なことです。

何よりも、「学習者を知る」というところから授業づくりは始まります。

引用・参考資料

（1）長岡文雄（一九八三）『〈この子〉の拓く学習法』黎明書房、一四頁。
（2）長岡文雄（一九八三）『〈この子〉の拓く学習法』黎明書房、一四頁。
（3）谷口陽一（二〇一五）「『こども理解』を深めるシンプルな方法～全員のその日の言動を思い出す」『THE子ども理解』明治図書、五六～六三頁。
（4）小幡肇（二〇〇三）『やれば出来る！　子どもによる授業』明治図書。
（5）長岡文雄（一九八六）『子どもをとらえる構え』黎明書房、一〇三～一〇五頁。
（6）長岡文雄（一九八六）『子どもをとらえる構え』黎明書房、一〇五～一〇八頁。
（7）長岡文雄（一九八六）『子どもをとらえる構え』黎明書房、一〇八～一一一頁。
（8）長岡文雄（一九八六）『子どもをとらえる構え』黎明書房、一一一～一三五頁。
（9）長岡文雄（一九八六）『子どもをとらえる構え』黎明書房、一一二頁。
（10）長岡文雄（一九八六）『子どもをとらえる構え』黎明書房、一一二頁。
（11）長岡文雄（一九八六）『子どもをとらえる構え』黎明書房、一一一～一三五頁。

第三章　〈この子〉をイメージして教材研究を

教材とは何か

杉浦健によれば、教材とは、

教育目標を達成するための内容や素材である。学校教育法では、教材として、「教科用図書（教科書）」「教科用図書以外の図書」「その他の教材」が挙げられている。教科書は、「主たる教材」と言われるように、その内容そのものがまず重要な教材であるといえる。

と述べています。(1)さらに、「ただし、教材は学習者の発達段階や興味・関心によっても選択、編成されるもの」であるとし、自作ワークや自然の事物、児童の経験など、「物でないものも教材になりうる」としています。

小学校の社会科に関して言えば、佐藤正寿が、堀田龍也などの調査から、教材は、

・写真
・図
・昔の絵
・地図
・表
・年表
・グラフ

の七つに分類することができ、これ以外にも、市販の学習資料集や地域の副読本の資料の利用、学習に関係するパンフレットや小冊子の教材に加え、NHK for Schoolといった動画、子どもたちが持っている学習参考書もあると述べています。(2)

その上で、「教材は、教師がその内容を限定して提示するものだけではなく、子供たちが追究したいものも教材になりえます」として、見学を通して、それぞれの子がその様子を詳しく知りたいと考えたのであれば、「こだわりの教材」を持ったことになり、「子供たちが追究を深めるほど、一人一人の教材の内容から学習が進化することが予想」されるとし、「子供の中の教材」になるとしています。また、社会科は社会との関わりを中心とした教科であることから、「学習内容における教材」のみならず、「子供の中の教材」、「社会の中の教材」の視点からそれぞれが大切な役割を果

たしていると述べています。(3)

その上で、佐藤は、教材研究において、

・教科書と学習指導要領の関連から深める
・補助教材の目的の明確化
・子供たちの実態に応じた教材研究

の三つの観点があるとし、「様々な教材を、教師が学習者の実態に基づいて社会科の学習内容と適切な関係づけを図ること」が必要であるとしています。(4)

社会科においては、子どもたちの実態と教科書が異なるため、特に三・四年生では、「わたしたちの京都」のような副読本を用いて学習することが多くあります。ただし、それでも、子どもたちの実態は異なることもあるため、学習内容と子どもたちの実態のすり合わせをしていくことが大切だと考えています。そのすり合わせの重要性を教えてくれたのが長岡文雄でした。

教材とのめぐり合いを考える

長岡文雄は、「教材の特性」として、次のように述べています。(5)

望ましい教育が行われるためには、一人ひとりの子どもにとって、かけがえのない教材とのめぐりあいが必要となる。

その子の現在もっている社会の見方考え方をゆさぶり、より高い思考体制へ導くための素材が教材である。

教育は、本来、その子のためのものであり、教材もその子のためのものでなければならない。その子が、体当たりしてかかわりをもってこそ、事物事象も、その子にとって教材となり得るのである。

ところが、一般には、具体的な、この子をぬきにして、教材がひとり歩きしやすい。教育は「教材を教えることだ」「教科書を教えることだ」と考えられやすい。だから、教材といわれているものをあてがえば、それで「教えた」と考えてしまう。子どもが落ちこぼれるはずである。

病人の治療にとってだいじなのは、その病人にふさわしい治療であり、病人に即した薬である。薬のために病人をつくるのではない。これと同じで、教育においても、教材は、もともと、その子の学習を主体にして考えられなければならないものである。

「教材を教える」というより「教材で教える」、つまり「教材とめぐり合わせ、その子に、自らの体制をたて直させ、考えを発展させる」のである。

教材研究をして、授業で活用しようと考えると、長岡が指摘するように、「ひとり歩きしやすい」状況に陥りやすくなります。つまり、教材を「伝えたい」という思いが強すぎて、子どもたちの意識から乖離してしまうことがあります。そのため、教材を通して、教室の子どもがどのように考えを広げていくかをとらえることがとても大切です。

長岡が述べるように「教材とめぐり合わせ、その子に、自らの体制をたて直させ、考えを発展させる」ことを心がけて、教材研究に取り組みたいものです。

教材研究のポイント

では、教材研究をするにはどんなことに気をつけていけば良いのでしょうか。長岡は、教材研究するポイントについて次のように述べています。(6)

教材研究は、常に、学習者の子どもの目になって行われなければならない。「子どもを通しての教材研究」をしてこそ「教材になせるかどうか」が決まる。もう一歩厳密に言えば「自分の授業を通しての教材研究」でなければならない。自分の学級の子どものA男・B子にとってどうかという教材研究にならなければ本物とはいえない。「A男は、この教材とどうかかわっていくだろうか。事態の真実にどのように迫るのだろうか。そして彼の今の考えはどうゆさぶられるだろう」というように考えてみることによって、教材の選択もはっきりしてくるし、教材の程度、教材の提示の方法なども構想されてくるのである。

としています。

藤岡信勝は、授業づくりにおいて、

① 教育内容（何を教えるか）
② 教材（どういう素材を使うか）
③ 教授行為（子どもにどのように働きかけるか）
④ 学習者（それによって子どもの状態はどうなるか）

のレベルの異なる四つの問題領域を自覚的に区別するべきであるとし、とくに、「『学習者』レベルを独自の研究の対象として設定する」ことで、「教師の自分の思い込みを正す機会を得ることができる」としています。(7)

長岡は、教材を選ぶ時の一般的な視点として、

(1) 社会科のねらいを効果的に達成できるもの。

(2) 子どもが体当たりして追究し、なかまと論争を生んだりするもの。
(3) 多彩な学習活動が生まれるもの。
(4) 一人ひとりが活動でき、発展性のあるもの。
(5) 多面的な見方考え方が出てくるもの。
(6) できるだけ直接経験に訴えられるもの。

を例示として挙げ、学年が上がるからこそ、具体的な事実をもとにして、子どもたちが意欲的に「体当たり」で学ぶことの大切さを説きます。(8)

長岡などの主張から、私は、社会科を中心とした教材研究は下の図のように考えています。

もちろん、子どもたちは、学習指導要領や教科書の内容を学ばなければいけません。しかし、そうした教えるべき内容を子どもたちに下ろすイメージではなく、「子どもたちと共に学べることができる教材を見つけること」がまずポイントだと考えます。

長岡は、日記やコメントから子どもたちの声を拾い、

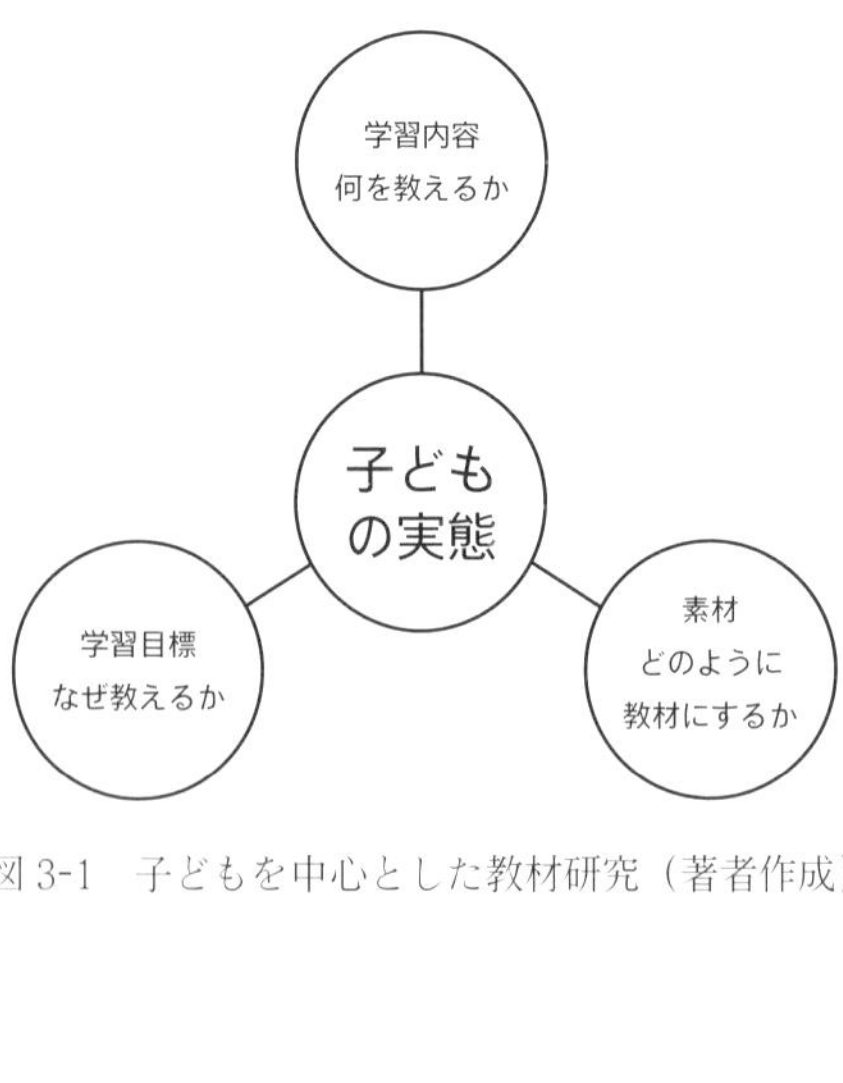

図3-1 子どもを中心とした教材研究（著者作成）

それを教材化していきました。例えば、長岡が行った消防に関する授業では、ある子の「消防士は火事を願っている」という考えを契機に話し合いを始めます。(9)その中で、子どもたちはより深く、具体的に消防士の心がけや職務のあり方などに迫ろうとします。その子の発言は大人から見たら、大きく異なる考え方かもしれません。しかし、〈この子〉なりの学びから生まれた考えを取り上げることで、長岡の言う「生きた教材」にすることができるでしょう。

私は長岡ほどの実践はできていませんが、教師として五年目ぐらいの頃、中学年でゴミについて学習をすることがありました。子どもたちの様子や学校に収集車の方が来られることに気づいた私は、「普段子どもたちが目にしているゴミ収集車を詳しく見せてもらうと関心が高まるのではないか」と考え、「ゴミ収集車」の教材をつくり、授業をしたことがあります。実際に清掃業者の方が、収集車を見せながら、丁寧に中を説明してくださいました。収集車には特別の工夫があることに気づき、子どもたちは質問をたくさんして関心を高めることができました。

興味のある教材をつくり、子どもたちに投げ込んで終わりではなく、子どもたちの様子を見つめて教材をつくり、投げ込んだ先の子どもたちの内面を「さぐる」ことが大切です。そして、さぐったことを元に学習問題をつくり、話し合いを深めていくと子どもたちにとって切実性を持った学びになります。

地域の素材を教材にする意義

社会科が、他の教科と違うところは、教材を新しく開発するという行為があるところです。とくに地域教材といって、地域の素材を使って教材化することがよくあります。

水戸貴志代は、地域教材の価値について

a．この地域独特のものであるか
b．他に普遍化することができるか
c．他と比較対照できるものか
d．学習内容、方法上、必要と考えるか

と四点の特徴を挙げています。(10)

あくまでも地域教材は社会科の教科内容の目標に照らして考え、その目標が達成することができるようにすることが大切です。そうしないと、郷土学習になってしまい、社会科との関わりが不十分になってしまうからです。そのため、地域教材は、教科書の内容と比較対照ができ、普遍化し、活用することが必要不可欠と言えます。

その上で、私は、小学校社会科における地域教材とは、

①　学習者が住み、通学しているような身近な地域や市や県とその周辺。
②　地域に生きる人間の姿がとらえられるもの。
③　①や②に関連する固有の自然や、歴史、文化などの素材を教材化したもの。
④　学習指導要領に示す社会科の目標を達成でき、社会科の学習をより充実できるもの。

と考えました。

上田薫は、「地域の教材が貴重なはたらきをするということは、ただ手近にあって便利で親しみやすいということのためだけではない。一人ひとりの子が、自分自身の立地条件をだいじにすることができるという点が重大なのである。子どもはことがらを、そして問題を自分に引きつけて考えることができる。自身の自己統一にかかわらせて追究することができる。地域はそのとき得がたい足場になっているのである」とその意義にふれています。(11)

このように、地域を素材とした教材の活用は、社会科においては学習者に関わりの強い地域社会の内容を教材化することで、

①　地域認識を深める。
②　学習者の主体性を育成する。
③　地域社会の問題をより自分にひきつけて考える問題解決学習を展開する。

という三点を行う上で効果的な方法であると言えるでしょう。より詳しい説明や具体的な活用については、拙著『社会科でまちを育てる』（東洋館出版）を読んでいただけたらと思います。

教科書と比較しながら学べる子に

長岡は「教科書は、深い配慮をして編集しているので、子どもたちの積極的な活用によって、大いに効果を発揮することができる」としています。そのために、教師は、子どもの目になって読み、「子どもたちの経験を掘り起こして問題づくりを行い、単元の構想を立て、その展開のなかで教科書の活用を工夫する」ことが大切だと述べています。地域差や個人差もあるので、指導する子どもの実態に合わせた活用の工夫が必要であり、「情報の提示にとどまらず、情報分析という学習行動を生ませていくような、反応をさそう手だてを工夫していかねばならない」と述べています。(12)

教科書は、長岡が述べるように、様々な配慮をしてつくられていて、子どもたちが一番学びやすい資料の一つだと言えるでしょう。

一方で、中学校や高校で教科書の採択が問題となるのは、社会科（公民や歴史）であるように、編集者や執筆者の主義、思想が反映されやすいものでもあります。そのため、教科書をそのまま覚えていくのではなく、多面的、多角的に見ることができるようにするためにも、長岡が述べるような「情報分析」しながら読むことができる子どもたちに育てていきたいものです。

「指示待ち」という言葉が学校教育の中でよく取り上げられ、問題となることがあります。先生の指示通りであればよくできるし、多くのことを覚えることができます。

しかし、自分で考え、判断することが今、そしてこれからの日本社会ではとくに欠かせません。例えば、教科書では、中大兄皇子の視点から大化の改新が語られ、蘇我氏を倒した記述になっています。しかし、あえて蘇我氏の側から見てみることで、新しい歴史の見方も生まれそうです。

そうした教科書の文に対して疑問を持ち、調べ、改めて考え直すことができれば、情報社会の中で、自分の考えをしっかり持った子として育っていくでしょう。

そのため、教師が、教科書が全て正しいといった「教科書万能主義」に陥ることなく、常に様々な視点で考えながら教材研究をする必要があります。その意味で、地域教材は、教科書の内容と対比的に考えることができるので良い資料になる可能性が高いと言えます。

情報ツールに振り回されない

ＧＩＧＡスクール構想など、授業の中でも情報端末が多く使われるようになりました。長岡文雄が実践していた時代は、まだ一人ひとりが情報端末を持つ時代ではありませんでした。しかし、「視聴覚機器」が授業の中に持ち込まれ始めた時代でもありました。その上で、長岡文雄は、次のように述べています。(13)

視聴覚教育の発達にともない、社会科で、スライドやOHPを使ったり、VTRなどのテレビによる教育をしたりすることが多くなった。しかし、その反面、機器の道具だてにふりまわされて、肝心の子どもの学習の内面をさぐりそこなったりすることもある。

一体に映像による教育になって、学習がその場限りで消えていく学習に近づいた心配がないでもない。心にしみ通る、じわじわとわかってくる学習より、インスタントに手ぎわよく即席料理を作るような教育に近づく気配がする。このような欠陥が生じないように、質のよい資料で、じっくりと学習させるようにしたい。欲ばらないで、徹底しなければならない。

ここで長岡が大切にしていることは、子どもの学習の内面をさぐるということです。つまり、子ども理解に立脚していることが大切です。あくまでも子どもの内面を強く揺さぶるための情報ツールであり、情報ツールのために子どもがあるわけではありません。

〈この子〉をイメージして教材研究を

教材研究をするときに、教科書の内容を「いかに教えようか」と考えたり、面白い教材があれば、「これは授業で使えそうだなあ」と思ったりしたことがあります。ここに、「クラスのあの子なら、どんな反応をするかな」「この子なら、授業でどんな意見を言うだろうか」と考えて教材研究の視点に子ども理解を入れることで、教材研究はより具体的になると言えるでしょう。藤岡の「自分の思い込みを正す機会を得る」ことができる(14)という主張はとても納得できます。

しかし、こうして教材研究をして、授業に臨んでも、上手くいかないことがあります。それを、どの子に対して上手くいかなかったかをしっかりと分析や評価することが大切です。クラスでその教材がずっと心に残る子もいます。そして、上手くいかなかったことも学習問題になる場合があります。

若いころ、なかなか授業に参加できず、上手く学習に取り組めない子がクラスにいました。担任として、その子がどうしたら授業で楽しく学ぶことができるか。そればかり考えていることがありました。そうした子との出会いは、その時は大変なことですが、授業を磨く上でとても力になります。

「今日は上手くいったな」

「うーん、今日は、ダメだったな」

と振り返ることで、学習者である子どもたちから学ぶことがたくさんあります。

一方で、その子のことばかり考えていたという反省もあります。

そこで、最近では、普段からクラスで熱心に取り組む子に対しても夢中になれる問題や自分ごととしてのめり込めるような課題であったかを考えることがあります。

毎回、子どもたちの心をときめかせるような教材は生み出すことはなかなかできません。そのため、子どもたちの書いたものを教材にしたり、子どもたちから出た発言に対して、「よし、それを話し合ってみよう」と教材にしたりすることもとても大切です。

また、同じ教科書の問題をする時も、「子どもたちならいかに考えるか、取り組むか」をほんの少し意識するだけでも取り組み方は大きく変わっていきます。

ぜひ、教材研究をする時は、学習者である子どもたちをイメージしながら取り組んでみましょう。

引用・参考資料

（1）杉浦健（二〇二一）「教材」『小学校教育用語辞典』ミネルヴァ書房、一五六頁。
（2）佐藤正寿（二〇二三）『社会科教材の追究』東洋館出版、一〇〜一三頁。
（3）佐藤正寿（二〇二三）『社会科教材の追究』東洋館出版、一〇〜一三頁。
（4）佐藤正寿（二〇二三）『社会科教材の追究』東洋館出版、一四〜一七頁。
（5）長岡文雄（一九八三）『若い社会科の先生に』黎明書房、四九〜五〇頁。
（6）長岡文雄（一九八三）『若い社会科の先生に』黎明書房、五一頁。
（7）藤岡信勝（一九八九）『授業づくりの発想』日本書籍、一頁。
（8）長岡文雄（一九八三）『若い社会科の先生に』黎明書房、五二頁。
（9）長岡文雄（一九七二）『考えあう授業』黎明書房、一八頁。
（10）水戸貴志代他（一九八九）『地域の教材はなぜ効果的か』社会科の初志をつらぬく会（個を育てる教師のつどい）編、黎明書房、一三二頁。
（11）水戸貴志代他（一九八九）「まえがき」『地域の教材はなぜ効果的か』社会科の初志をつらぬく会（個

を育てる教師のつどい）編、黎明書房、四頁。
(12)　長岡文雄（一九八三）『若い社会科の先生に』黎明書房、七四～七七頁。
(13)　長岡文雄（一九八三）『若い社会科の先生に』黎明書房、七八～七九頁。
(14)　藤岡信勝（一九八九）「授業づくりの発想」日本書籍、四九頁。

第四章　子どもたちとカリキュラムをつくり出す喜びを

カリキュラムをつくり出す喜びを

カリキュラムとは、辞書で引くと、「教育内容を学習段階に応じて配列したもの。教育課程」（大辞泉）とあります。学習内容を子どもたちの実態に応じながら計画を立てていくものです。

これから先生を目指す方や若い先生の中には、カリキュラムはすでに決められたものがあり、それに応じて授業案を考えていくという人は多いと思います。

長岡は、「指導に当たっては、まず、一年のうちに、どのような単元を設定して、どのような順序に実施していくかという年間計画を立てねばならない。このことについては、一応教科書会社や、教育委員会などで、参考の案が示されているので、それにもとづいて、自分の実践を工夫していく場合が多いわけである」と述べ、「しかし、教育の根本は、ひとりひとりの子どもの具体的あり方にもとづくものでなければならないので、現実の担任している子どもの生き方をさぐり、そこから発想することを忘れてはならないのである」としています。(1) 私がこれからの先生に伝えたいのは、「子どもの生き方をさぐり、そこから発想することを忘れてはならない」のところです。ただ教科書の指導書通りに教えるのではなく、目の前にいる子どもたちを考え、その生き方を探り、そこから授業を発想することにこだわっていきたいと思います。

ソーントンは、『教師のゲートキーピング―主体的な学習者を生む社会科カリキュラムに向けて』の中で、教師は授業の「主体的な調整者（ゲートキーパー）」になり、学習計画や単元づくり（ゲートキーピング）を行うことが大切だと述べています。(2)

ソーントンの著書の訳者の一人である山田秀和は、「ソーントンは、『教育のねらいについての議論（aim talk）』を行うことが、教師にとっても重要であると述べる。個々の教師が、ねらいを吟味し、そのもとでカリキュラムや授業を調整することが大切だと考えられている」とし、ソーントンは、そのねらいの拠り所として、

①　児童生徒の興味関心や適性
②　社会生活からの要求
③　現在の学問的成果

の三つがあることを指摘していると述べています。(3)

その上で、山田は、岡山大学附属小学校の四年生の実践から、「公的カリキュラムを前提としつつも、各単元でねらいを吟味し、調整していくことで、主体的な学習者を育む社会科カリキュラムが形成

されていくのではないだろうか」とし、「大胆な変革を伴う長期的なカリキュラムをいきなり構想することは難しい。大局的な視野を持ちつつも、教育の狙いを吟味して単元や授業を調整していくことで徐々にカリキュラムを形づくっていくことが現実的な方法だろう。教師による主体的なカリキュラム・デザインが、主体的な学習者を育む鍵だということを改めて意識したい」としています。(4)

長岡も「子どもたちが、外界に問いかけ、自らを開いていこうとする体制をもとにして、学習指導要領を読み、教科書会社の指導書や教育委員会の参考案をよく読むようにしたい。各種の案が立案できるわけであるが、子どもたちの学習が充実して、望ましく目標が実現するようにしたい」と述べています。(5)学校や教育委員会、教科書の指導書の計画案を参考にしながら、子どもたちの実態に応じた学習の計画を立てていく必要があります。

学習計画や単元づくりを教科書の指導書などを参考にしながら、少しずつ「調整」しつつ変えることで、子どもたちにマッチしたカリキュラムに変えることができます。こうしたカリキュラムをつくり出す喜びを、若い先生にはぜひ感じてほしいと思います。

単元を少しカスタマイズしてみよう

学校によってはすでに年間計画が決まっているところもあるでしょう。そうした計画を参考にしながら、子どもたちの実態に合わせて、少しずつ調整・修正していくことが単元づくりの面白さと言えます。

二十代の頃の私は、社会科の実践において、ネタと呼ばれる学習内容の面白さで勝負しようとしていました。しかし、毎回、そうしたネタと呼ばれるものを準備することの難しさも感じていました。一方、教科書の通りに授業をすると、自分たちとは馴染みのない知らないまちについて学習することになり、子どもたちの興味関心は高くありませんでした。

そこで、私は、大学院で地域教材の利用について研究をしました。そして、地域教材を生かして、まちづくりの視点を組み込んだ単元づくりを目指すことによって、子どもたちが「自分のまちにつなげて考える」ことで、学ぶ必然性を感じることができるのではないかと考えました。

研究の中で、私は、「まちづくり的社会科」と名付け、自分たちのまちの問題と重ね合わせて学習問題（課題）をつくり、学習を深めていくことで、まちについても学んでいくことにしました。そして、単元の出口では、学習で学んだことを生かして、まちづくりの提案書を書くようにしました。このように、単元の入り口と出口を意識したカリキュラムのゲートキーピングを考えたのです。

その教室にしかない「個性」を加えていく

まちづくり的社会科の単元づくりのフレームワークを考えた私は、実際に単元づくりに取り掛かりました。単元は五年生の環境保全に関する内容です。テーマを「環境を守る京都」として、教科書の内容を少しずつアレンジしながら単元をつくることにしました。教科書の内容も子どもたちが多く住むまちについて取り上げられていました。そのため、教科書の内容を参考にしながら、子どもたちにあった単元づくりに取り組むことにしました。

教科書では、「鴨川が以前は汚れていたが、今はきれいになったのはなぜか」といったところから学習問題をつくり、鴨川をきれいにする取り組み、京都市の二酸化炭素削減の取り組み（バイオディーゼル車の取り組み）、二酸化炭素の排出量の社会問題を学び、最後に環境の取り組みをまとめるものでした。

こうした教科書の単元計画を参考にしながら、まず、環境モデル都市としての京都市の取り組みや環境に関する社会問題から学習問題をつくり、そこから教科書では後半に学んだ京都市による二酸化炭素の削減に向けた取り組みについて学びました。

ここでは教科書の内容を使いながらもバイオディーゼル車の仕様の是非について話し合いました。そうすることで、環境保全について、教科書の視点だけでなく、それぞれ異なる立場、多様な意見があることを知りました。

そして、鴨川の美しさを取り戻す取り組みについて教科書や鴨川条例の資料をもとに考えました。その上で、教科書には数行しか書かれていなかった「新景観政策」を取り上げ、自分たちと関わりの深い祇園祭や今までの体験をもとに話し合い、最後に環境を守るまちづくりの提案書を書きました。

このように、私の単元づくりの骨格は教科書の指導書と似ているところが多くありますが、まちづくりの視点であったり、新景観政策を大きく取り上げたりして、私の教室にしかない内容も組み込みました。こうした、その教室にしかない先生と子どもの「個性」を加えていくことがカリキュラムマネジメントと言えるでしょう。

総合的な学習の時間こそ子どもたちとカリキュラムがつくれる

以前勤めていた学校では、五年生になるとトマトの栽培をする活動に総合的な学習の時間を使って取り組んでいました。地元の農家の方の支援のもと、大きなビニールハウスの中で、一〇〇本近くのトマトを栽培していきます。土づくり、手入れ、栽培、収穫といった活動に加え、収穫したトマトの販売や調理をして食べる食育活動、一年間の活動の発表会などが十年近く行われており、「五年生になったらトマトだ」と子どもたちも楽しみにしている学習でした。一方で、カリキュラムがある程度組まれており、どの先生が行ってもできる一方で、目の前の子どもたちとしかできないような取り組みをしたいとも考えていました。私は、二年連続で五年生を担任したため、このトマトに関わる活動に二年連続で取り組むことになりました。

しかし、二年連続で同じことをしても、子どもたちは違うため、結果は大きく異なりました。

一年目は、子どもたちの様子を見ていると、「書く」力をつけてあげたいと願う子に出会いました。なんとかして〈この子〉に書く力をつけさせたい。そう考えた私は、「研究仮説」として、このト

研究仮説

５年生総合的な学習の時間「トマト大作戦」の活動を通して，地域に対して主体的に関わり学び，誇りを持つことができるように以下のような実践を行う。

まず，体験活動ごとにふりかえりを書く活動を行い，自分自身の活動やこの活動に携わってくださる方に対して主体的に関わろうとする意識を持たせ，より深い探究ができるようにする。また，トマトづくりの作業やその他の活動に対する子ども達の思いを生かして，加子母のトマトを教材にした授業づくりや指導計画を工夫し，教科の学習に対して意欲を持って取り組めるようにする。さらに，地域や保護者の方に活動を広めたり，「トマト大作戦」の活動に関わってもらったりして，子どもたちの活動を多くの方に応援してもらうことで自分達の活動に自信を持たせる。

そうすれば，年間を通した「トマト大作戦」の活動から地域の思いや努力，工夫を考え，主体的に地域に関わり，学ぶことができ，地域への誇りを育むことができる。

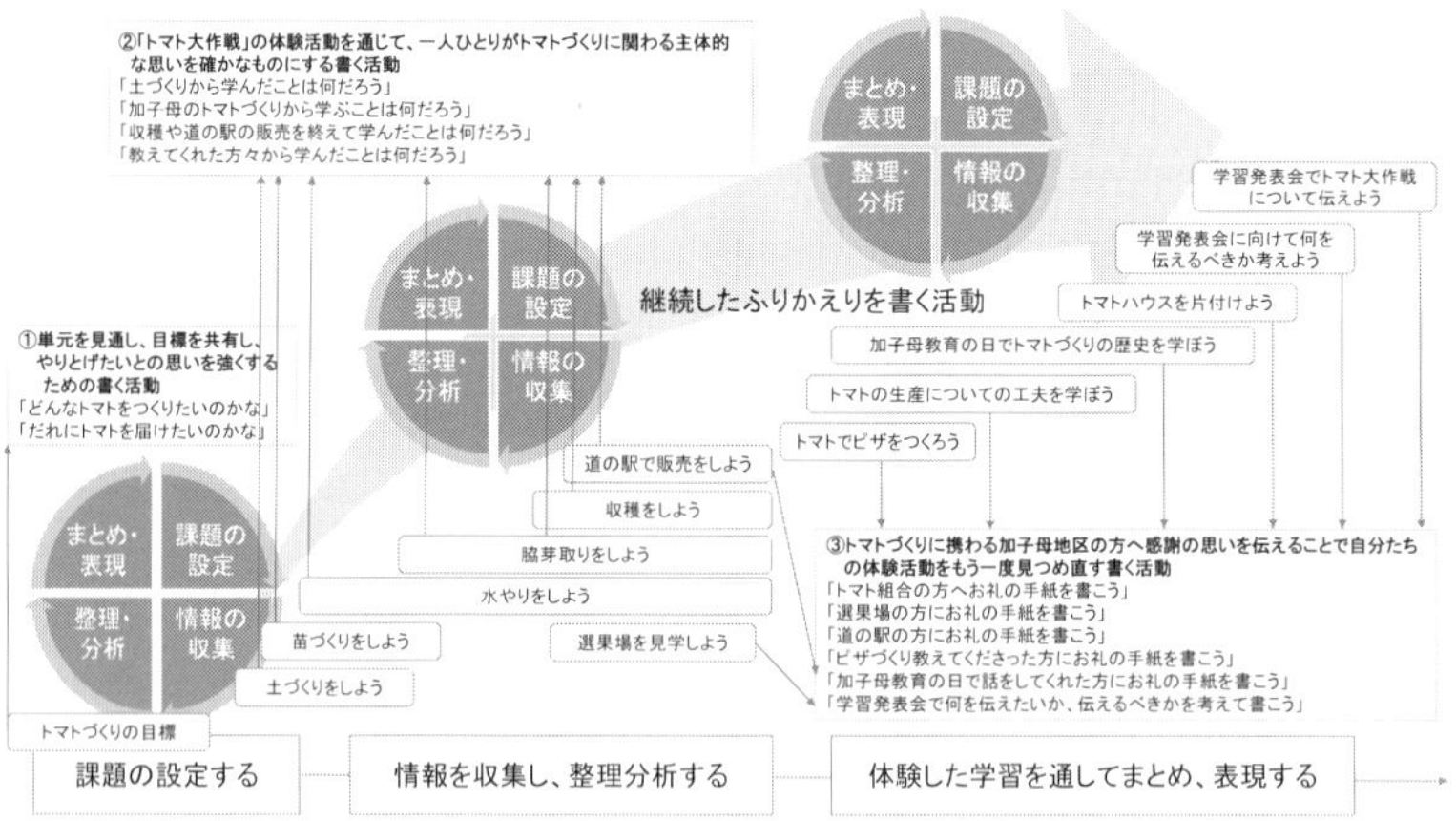

図 4-1 「トマト大作戦」研究仮説と探究モデル
（著者作成）

マト栽培の学習の中に、書くことを位置付けて、活動と書くことのサイクルを繰り返すことで、教科の学習を高めたいと考えました。

二年目は、子どもたちの実際を見ると、学習に落ち着いて取り組めなかったり、他者と上手くいかなかったりする子もいました。当時の学級びらきを終えたメモ（一部加筆）を見ると、

意識したこと
・細かいところを見つけ、全体の前でほめる。
・注意したいことは、個別指導はできるだけせず、全体の場で丁寧に話す。
・達成できたらハイタッチをしてほめる。
・アドバルーン（否定発言）に対しては過剰に反応しない。
・追わない。
・「これでやってみたら？」と提案する。
・学級通信でほめる。

意識すること
・意識し続ける。
・叱る前提を作らない。ほめる、先手の指導を意識する。

・班や仲間での学習が有効のようである。班でそろえて学習するという行為をしてみてはどうか。

と、学級びらきの子どもたちの様子とともに、意識すること、つまり、担任としてのねらいが細かく書かれていました。その時に、考えのベースになったのが、長岡の「〈この子〉の成長にせまる」という言葉です。(6)

トマトの活動も二年目だったことから余裕も生まれ、活動を計画するというよりは、子どもたちの様子をじっくり見ながら、子どもたち同士の関わりを強め、この活動を通して、学級づくりをしていこうとする姿勢になりました。総合学習を通して教科学習を深めようとする一年目と、総合学習を通して子どもたちの関係づくりを目指す二年目ではねらいが大きく異なりました。

単元指導計画ができ、実践を始めても、子どもたちの様子によって、学習問題が変更になったり、子どもがもっと学びたいと考えたりするものが出てくることがあります。

長岡は、「計画が綿密なのはよいが、それは、子どもの生きた学習を最善に確保するものとなってこそ意義をもつものである。つまり、子どもの学習に即し、機動的に流れを変更しながら、より本質的な、高い目標の実現が可能になるための計画であることを忘れてはならない」(7) としています。

単元づくりは、常に子どもたちに合わせて検討し、場合によっては変更していくことも大切なことです。子どもたちと学びをつくり上げる姿勢が欠かせません。ぜひ、子どもたちとカリキュラムをつくる喜びを味わってみてください。

引用・参考資料

（1）長岡文雄（一九八三）『若い社会科の先生に』黎明書房、八二頁。
（2）スティーブン・J・ソーントン（二〇一二）『教師のゲートキーピング―主体的な学習者を生む社会科カリキュラムに向けて』（渡部竜也・山田秀和・田中伸・堀田諭訳）春風社。
（3）山田秀和（二〇二一）「主体的な学習者を育む社会科カリキュラム―教師による主体的なカリキュラム・デザインの重要性」『社会科教育』二月号、明治図書、一四～一七頁。
（4）山田秀和（二〇二一）「主体的な学習者を育む社会科カリキュラム―教師による主体的なカリキュラム・デザインの重要性」『社会科教育』二月号、明治図書、一四～一七頁。
（5）長岡文雄（一九八三）『若い社会科の先生に』黎明書房、八二頁。
（6）長岡文雄（一九九三）『社会科教育』佛教大学、七〇頁。
（7）長岡文雄（一九八三）『若い社会科の先生に』黎明書房、八五頁。

第五章　子どもたちを中心に据えて合科で学ぶ

学習指導要領のポイントは、学習する子どもの視点に立つこと

学習指導要領において、教科等を横断し、資質・能力（コンピテンシー）を伸ばすことが注目されています。奈須正裕は学習指導要領の改訂の中で、「学習する子供の視点に立つ」ということが大切にされており、注目に値すると述べています。これは教育課程企画特別部会による二〇一五年八月二十六日の「論点整理」の中で出てきた言葉であり、改訂の際のベースと言えます。

奈須は、「子供の視点に立って教育課程のあり方を見直したからこそ、『何ができるようになるのか』という目標論＝学力論を上位に置き、『何を学ぶのか』という教育内容論と『どのように学ぶのか』と言う教育方法論を、その目的実現の手段として位置付ける構造になった」と考えられるとし、「はじめに在来の『教科ありき』ではなく、また『内容』の習得それ自体が教育の最終目標でもないことを言明した点に、これまでにはない新しさがあるといえる」(1)としています。

つまり、教師の視点に立って、学習内容を教える時代から、学習者の子どもたちの視点に立って資質・能力をのばす時代へと変化していると言えます。

そこで、奈須が紹介したのが、「奈良の『学習法』」と「子どもがする授業」でした。

奈須は、「同校は、大正時代に主事を務めた木下竹次がその著作『学習原論』で展開した『学習法』という考えに基づき、子供のトータルな学ぶ力、考える力、そして生活を切り拓く力をこそ学力の中核をなすものとして大切に育ててきました。まさに、資質・能力を基盤とした教育であり、それを一〇〇年も前に精密に理論化し、着実に育ててきたことは驚愕に値します」と述べています。(2)

では、奈良女子大学附属小学校では、どのような取り組みをしているか見てみましょう。

授業の中心に子どもを据えて考える

長岡文雄が長く勤めた奈良女子大学附属小学校では、現在も当時の教員たちが協力してつくった「しごと、けいこ、なかよし」の「奈良プラン」と言われる学習領域を設定しています。

谷岡義高によれば、

・しごとの学習

子どもの生活の中にある問題や課題を、一人ひとり追究したり、学級全体の問題として追究したりしていく学習である。週に5時間とっている。

・けいこの学習

国語や算数、体育など、教科の学習である。独自学習をまず子どもが進め、相互の学習時間で互いに深め合い、更なる独自学習で自らの学びを整理し深めるという学習形態をとっている。

・なかよしの学習

子どもの学校生活を自分たちで作る時間である。学級活動、グループなかよし(4年~6年)、なかよし集会(低学年、高学年)、なかよし広場(5歳~2年)、1年6年交流、5歳5年交流、縦割り清掃、遠足、合宿などがある。

と、教科の指導ではなく、子どもたちの側から考えた「学び」の視点で領域がつくられています。(3)長岡も合科的な指導の意義を述べています。

読者の方にとっては、こうした教科を横断するような学び方はとてもユニークに感じるかもしれません。しかし、それは、幼い頃から、国語、算数、社会……と教科を前提に学んでいるため、バイアスがかかっているからだと言えます。教科書・領域を決めたのは大人であり、子どもたちではありません。そのため、国語や算数、生活科は有機的に混ぜ合わせることも必要になります。

また、こうした実践は小学校だけのものと考えられる方もいるかもしれません。確かに、担任が多くの教科や総合的な学習の時間を持つ小学校では、その方法はしやすいかもしれません。しかし、中学校でも高校でも、実は、教科を横断する学びは可能ですし、横断することによって、学びは深まります。

以前、中学校で働いている時に、ピカソのゲルニカの絵を使って、美術科と社会科でコラボをして授業をしたことがあります。別の教員による美術科では、ゲルニカの絵を見て感じたことの対話を深め、社会科では、絵に込められた背景を調べ、考えました。美術科での学びにより、社会科で伝えたい戦争の悲惨さをより感じることもできると考えました。社会科と美術科・図画工作科とコラボして授業をすることはとても効果的だと思います。

カリキュラム・マネジメントが求められる中で、長岡や奈良女子大学附属小学校での実践は私たちにたくさんのアドバイスを与えてくれます。社会科と国語科を合わせ、社会科で調べたことを国語科でまとめたり、社会科で学んだことのまとめとして図画工作科でポスターをつくったりとアイデア次第で様々なことができるでしょう。

総合学習を教科学習とリンクする

教科と教科を合わせて学習する方法もありますが、教科と総合学習をつなげて考えることもできます。例えば、総合学習で年間を通してトマトの栽培や販売、食育などの活動をしている時、この学習をなんとか社会科につなげることができたら、子どもが自分ごととして考えることができるのではないかと考えました。

そこで、五年生の社会科「私たちの生活と食料生産」では、食料自給率について教科書の資料を見ながら、地産地消の意義について学びました。その後、実際にトマト栽培でお世話になっているトマト生産の組合の方やＪＡの方に来ていただき、その地域のトマトの生産や消費を増やすためにはどうすればよいかについてパネルディスカッション形式で話をしていただいたことがあります。

生産者の側からは美味しいトマトになるために、土づくりにこだわり、ミネラルや新鮮さにこだわったトマトづくりの工夫、ＪＡや販売の側からは、新製品の開発や大手ハンバーガーチェーンとの契約、京都市場への出荷など、その地域のトマトを知ってもらうための試みについて教えていただきました。

子どもたちは、自分たちが育てたトマトを思い浮かべながら、地域の取り組みを知ることで、食料生産や販売のあり方について身近な視点で学ぶことができました。

また、図画工作科では、「感じたことを伝えたい」という題材があります。この学習のめあては、「身の回りを改めて見つめ、感じたことが伝わるように工夫して絵に表すこと」でした。そこで、「自分たちがトマトを収穫した瞬間を描こう」という課題で、取る瞬間の手やトマトについて絵を描く学習を行いました。「自分たちが大切に育てたトマトのよさを伝えたい」という思いがあり、トマトを実際に手に取ったり、熱心に見たりして細部までこだわって描くことができました。また「トマト生産」に関わってマスコットをつくろうと取り組んだこともあります。このように、総合学習で育ててきた子どもたちの願いや思いを活かして教科につなげて考えることで、より子どもたちの前向きな姿勢が見えてきます。

このように、教科書の内容を教えることに重点を置くだけではなく、子どもたちにそこからどんな力を付けさせたいかを考えることで、教科と教科、教科と総合といった合科的な指導がより充実していきます。

大切なことは、子どもたちにとっていかに切実な学びにするかということに尽きるでしょう。

引用・参考資料

（1）奈須正裕（二〇一七）『資質・能力と学びのメカニズム』東洋館出版、三一頁。
（2）奈須正裕（二〇一七）『資質・能力と学びのメカニズム』東洋館出版、四八頁。
（3）谷岡義高（二〇一五）「『話す力、書く力、つなぐ力を育てる』とは」『自律的に学ぶ子どもを育てる「奈良の学習法」「話す力、書く力、つなぐ力」を育てる』奈良女子大学附属小学校学習研究会、明治図書、八頁。

第六章　学習問題をつくろう

学習問題とは何か

学習問題とは、単元の導入時に、学級の中で子どもたちが問題として取り上げ、単元を通して解決していくものであると言えます。

学習問題は、学習課題ともよく言われます。国語辞典『大辞泉』で調べると、課題は「解決するために与えられた問題」であり、問題とは、「解決するべきことがら」となっています。

昭和二十二年の学習指導要領社会科編では、全て「問題」となっており、北俊夫は、「当時の社会科は、子どもが直面している現実の社会のなかの問題（たとえば、（中略）『上手な物の買い方には、私たちは、どんな知識を必要とするか』など）を中心に追究する問題解決学習であった」とし、「社会科教育の伝統と実践からみれば、やはり『学習問題』としたほうがぴったりするように思う」と述べています。(1)そこで、本書でも、「学習問題」として表記します。ただし、「学習課題」と同義ととらえてもよいでしょう。

授業では、まず、単元全体を通した大きな学習問題をつくり、その解を解決するための学習問題を考え、取り組むことが多くあります。その上で、北は、学習問題の最低条件として、次の四つを挙げています。(2)

① 学習を追求していくと、ねらいが達成できること。
② 具体的な事実にもとづいて生み出されていること。
③ 子どものやる気を引き出すものであること。
④ 子どもなりの予想を立てることができること。

北の「ねらい」とは、教師が設定した単元学習内容の到達点であると言えます。教師が最初から提示するのではなく、観察、資料活用などの活動を通して生み出されることが大切です。その上で、興味、関心を持って、「調べてみたい」と必要性を感じるような「問題意識の土壌づくり」が大切だと北は考えます。「学習問題を調べる必要性をどこまで子ども自身のものにすることができるか」という教師の手立てが必要であり、切実な問題であることも大切であるとします。(3)

私が以前、一年生の生活科で取り組んだ「かんがえてみよう　がっこうのせいかつ――給食調理員さんについて調べよう」を事例に北の考え方について考えてみます。

この単元をつくるきっかけは、子どもたちの成長した姿と「もう少しここをがんばったらどうかな」と願う担任の思いから生まれました。

一年生の子どもたちが、四月に入学して、およそ四か月学校生活を送ってきた頃です。入学当初は着替えるのも、宿題を提出するのも精いっぱい。自分の名札を胸につけるだけでも多くの時間がかかる子もいました。しかし、二学期を迎え、自分たちで何をするべきかがよく分かり、朝の準備も随分早く行動することができるようになってきました。こうした生活の自立は、日直や給食や掃除など、協同で活動する場でも見られるようになりました。例えば、指示を出さなくても日直が挨拶をするために前に出てきたり、係が黒板に次の日の予定を書いたりする姿がありました。また、給食係が配膳を始める前にすぐ気がついて、同じ係の友達に声をかけて給食台をきれいに拭いたり、一学期の係だった子が新しく係になった子に「こうするとよいよ」と教えたりする姿も見られ、一年生の子どもたちの成長をうれしく感じていました。

一方で課題もありました。

例えば、牛乳パックを揃えずに返したり、茶碗にご飯つぶをつけたまま返したりするなど、給食の片づけ方が丁寧でない姿が気になりました。ちょっとした細かいところですが、こうした背景には何があるかなと考えました。子どもたちに聞いてみると、「一緒に食べている友達が嫌な気持ちになる」というように、同じ学年の友達や先生に対して気持ちよく生活できるようにしたいと考える一方で、給食をつくってくれている方の大変さや働く人たちの思いへは至っていないのではと考えました。

たしかに、子どもたちの側から見れば、給食調理員の方の姿は、あまり見る機会はありません。目の前の自分のことは自分でできるようになってきた姿を生かしながら、次は、生活科の教科の目標にあるように、身近な人々を自分との関わりでとらえ、自分自身や自分の生活について考え、表現することを大切にしたいと考えました。自分が食べている給食は、実は多くの人が時間をかけ、工夫しながらつくっていることを知り、その価値に気づくことで、給食の片づけ方や食べ方についての意識を変えることにもつながってほしいと願いました。

そこで考えたのが、「かんがえてみよう　がっこうのせいかつ―給食調理員さんについて調べよう」でした。本校の給食調理員さんについて、子どもたちの疑問を大切にしながら、実際に見学したり、聞いたりすることを大切にしながら学習をすすめていくようにしました。

本校の給食調理員さんの存在は、子どもたちの中では、「なんとなく」知っている状態でした。ワゴンを運んだり、給食室を通ったりしているので、少なからず知っている子もいますが、日々の給食では、給食ワゴンが教室の前に届き、ワゴンのドアを開くときれいに整ったお皿や調理された給食が入っている様子しか見ておらず、どのような仕事をしているかはほとんど知りませんでした。そのため、まず自分たちの片づけたものが次の日にはきれいになって届けられるというところに気づくところから学習を始めました。

そうすると、

「給食をつくってくださる方はどんな人なのだろう」

「どんなことを考えてつくっていくのだろう」

と子どもたちの中から疑問が生まれ、実際に見たり、聞いたりして調べることになりました。そこで、生まれたのが「きゅうしょくちょうりいんさんは　どうやって　きゅうしょくをつくっているかを　しらべよう」でした。


北の学習問題の条件に当てはめて考えてみたいと思います。

① 学習を追究していくと、ねらいが達成できること。
「どうやって」給食をつくっているかを調べていくと、給食をつくっている人の工夫や考えといった子どもたちが知りたいという願いと、担任が願う「給食をつくってくださる方に感謝をもってほしい」というねらいが達成できる。

② 具体的な事実にもとづいて生み出されていること。
「どうやって」にこだわり、「なんとなく知っている」状態で想像するのではなく、実際に「見て、聞いて」という学習活動をすることで、自分が今一番知りたい、つながりをもちたい人について「よく知る」（具体的な事実を知る）ことにつながるということに気付くようになる。

③　子どものやる気を引き出すものであること。

「どうやって」の問いが子どものやる気を引き出すものであったかは検討が必要。例えば、「どんなことを考えてどうやって」と子どもの知りたいという思いをもっと取り入れてもよかった。

④　子どもなりの予想を立てることができること。

「朝早くから取り組んでいると思うよ」「調理したものを別の場所から運んでくるのではないかな」「きっと大きな鍋でつくっているんだと思うよ。僕見たよ」といった子どもたちなりの予想を立てることができる。授業では、予想をした後、一年生の子どもたちと同じぐらいの高さの大きなスプーンで力強くかき混ぜている様子を知り、子どもたちは教室で実際やってみながら、その大変さにも気付くことができた。

このように、学習問題づくりでは、子どもたちの普段の様子を見ながら、「問題意識の土壌づくり」を育てていくことが大切です。単元を終えると、子どもたちは、「一生懸命つくってくれた給食だ」と給食調理員の方の顔を思い浮かべて食べたり、片付けたりするようになりました。もちろん、この授業ですぐ片付けの問題がすべて改善されるわけではありませんが、給食調理員の方をはじめ、多くの方の「顔」が見える授業になりました。一年生の生活科は、こうした子どもたちが知らない多くの方の「顔」が見えることも大切です。

予想を立てられることは学習意欲や見通しを持たせることにつながる

また、谷川彰英も学習問題の条件として七つの視点を挙げています。(4)

① 子どもの必要感に支えられているか
② 子どもの興味・関心にあっているか
③ 人間の生き方(行動の仕方)が反映されているか
④ 子供の認識のあいまいさをついているか
⑤ 視野の拡大があるか
⑥ 自由な思考が働かせるか
⑦ 問題解決の手がかりがあるか

北と谷川の考えを下のように分類してみました。

北や谷川が学習問題の条件の中で述べているように、子どもたちにとって「切実な問題」であることはとても重要です。切実とは、国語辞典『大辞泉』で調べると、

表 6-1 学習問題の条件(北・谷川の条件をもとに著者作成)

	学習内容の理解 (ねらい・目標の達成)	問題設定の条件	学習者の切実感の喚起 (興味・関心も含む)	学習者による問題解決
北による条件	①ねらいを達成できる	②具体的な事実にもとづく	③やる気を引き出す	④子どもなりの予想が立てられる
谷川による条件	⑤視野の拡大がある ⑥自由な思考が働ける	④認識のあいまいさをついている	①必要感に支えられている ②興味・関心にあっている	③生き方(行動の仕方)を反映 ⑦問題解決の手がかりがある

1　心に強く感じるさま。「切実な願い」
2　身近に深くかかわっているさま。「切実な住宅問題」
3　よくあてはまるさま。適切なさま。「切実に書き記す」

とあります。
切実でないということは、結果として、子どもたちにとって関心のないものを学習することになるので、自分の生き方にもつながりませんし、学習内容が遠い存在のものなってしまいます。そのため、子どもたちにとって、切実な学習問題をつくることが、単元を進める上ではとても重要です。どのような学習問題を設定すれば、子どもたちは切実にするか（なるか）で、かつて長岡文雄と有田和正の中で、「切実性論争」があったほどでした。このことについて、奥村好美は次のように述べています。(5)

切実性論争とは、この有田和正・長岡文雄の間におきた論争である。1982年有田が初志の会で提案した授業「道の変化とくらしの変化」をきっかけに、『授業研究』誌上で両氏の論が展開された。有田の授業で取り上げられる問題は子どもにとって本当に切実な問題かという点を中心に議論は行われた。長岡から影響を受けてきた有田が、長岡との論争にいたった背後には、有田の授業観の転換がある。

補足をすると、有田和正は、奈良女子大学附属小学校で長岡の授業を参観した後、とても刺激を受け、一週間奈良で長岡の教室に入り、授業を通して学びます。奥村の論文にもあるように、有田のその頃の実践は、長岡の影響を受けていました。その後、有田は筑波大学附属小学校に着任、指導の考え方を転換していきます。

有田は、「子どもが考えていることを、ゆさぶったり、ひっくり返したりするようなネタを準備して、提示の仕方を少し工夫すれば、子どもは意欲的に動き出す。子どもは、なんでも食いではない。ゆさぶられたものやひっくり返されたものを『おもしろい』と思い追究する。子どもの固定観念をくつがえすネタをつくるには、子どもが今どんな考えをもっているかをつかむことがポイントになる」と主張します。(6)

一方、長岡は、「考えあう授業には、みんなで考えあう共通の問題を必要とする。この共通の問題は、ひとりひとりのもつ問題をもとにして成立するのである。(中略)共通問題は、教師が『消防士のようすを調べましょう』と言ったら、すぐ成立するというものではない。みんなが、関心はあったとしても、よそごととして、漫然と対していた段階から、おたがいに、それを避けて通れなくなる段階にたち至っていく過程が、そこには必要なのである。(中略)みんなが『今のままではどうにもならない』という気になり、動き出してくるのは、共通の問題が成立してきたのであり、それぞれの子どもが、問題を自己のなかにはっきり位置づけたときである」(7)と主張しています。

教材を提示し、子どもの内面や学習が成立していくかどうかを「さぐる」ことで、「いかにして、学習を〈この子〉から出発するか」を目指した長岡(8)と、子どもの「はてな？」でゆさぶりながら、「子どもが自ら『追究してみたい』と主体的にする」ことを目指した有田(9)のそれぞれの主張と実践は、学習問題を考える上で極めて価値のあるものと言えるでしょう。

長岡と有田の主張を図にすると次のページのようになると私は考えました。両者に言えることは、深い子ども理解なくして実践はなりたたないということです。子どもたちを「さぐる」長岡と「ゆさぶる」有田は二人とも、子どもをよく観察して知ろうとする姿勢が伺えます。

このことは、奥村が、有田について、

社会認識については、転換前は子ども達が自分の経験を離れて単元の目標に到達できていたかどうかは確かでなかったのに対し、転換後は教師が意図する社会認識を子どもは確実に身につけていた。

したがって、有田が授業観を転換させた理由には、授業の目標である社会認識の獲得を確実に子ども達に保障するためということもあったといえよう。（中略）

ただし有田の転換には、東京の子ども達の実態に合わせて追究を導き出すためという理由もあったことを忘れてはならない。このことから、有田はその転換によって、子どもにある意味での「切実な」追究と社会認識の獲得との両方を実現しようとしたことが分かる。

と述べているように、社会認識のとらえ方や当時の社会の背景、地域の特色もあったと考えられます。[10]有田が現職の教員の時は、まさに、日本社会が高度経済成長の中で伸びていく時期であり、社会認識を定着させることがより求められました。強い探究への思いを持ち、設定した時間内で単元の内容を習得することもでき、子どもの探究心をくすぐる面白いネタを提示する有田の元には若い多くの教師が師事し、今でも雑誌などで特集が組まれるほどです。

一方で、長岡の考えは、一つだけの問題を解決するのではなく、お互いに話し合って納得し、多様な考えを導き出すという意味で、もっとスポットライトが当たってもよいと考えます。主体的、対話的な学びが求められる今こそ、長岡の実践はより注目されてもよいでしょう。子どもたちが自己の問題として位置付け、学びを深めていくことは、まさに探究する姿そのものと

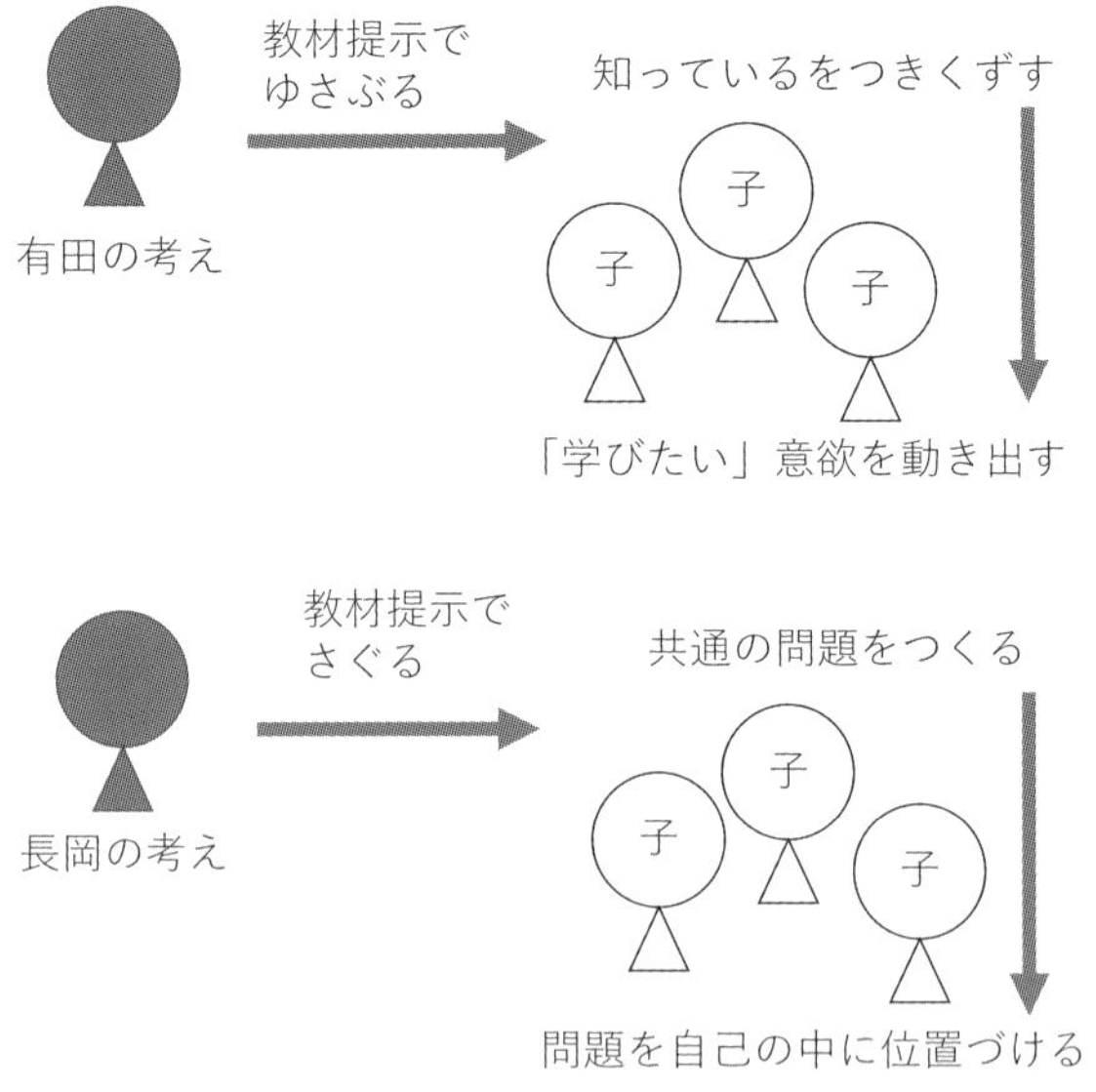

表 6-1　有田と長岡の学習者の切実性を生み出す試み
（著者作成）

言えるでしょう。

その上で、子どもによる主体的な授業を長年行ってきた築地久子は、次のように述べています。(11)

ここ十数年、私の授業は、子どもの手によって始められます。これは、出会った子どもたちや学年や時期によってもちがいますが、年間トータルしたら、おそらく九十五％以上になるでしょう。

だからといって、これぞベストなりとか、教師が始める授業がいけないとか思っているわけではありません。どちらでもいいのです。

大事なことは、導入を教師と子どものどちらがやるかではなく、導入によって、その時間の授業に対する構えや見直しなどがそれぞれの者（子どもも教師も含む）に立つことです。

大切なことは、築地が述べているように目の前の子どもたちに対して、今の自分にとってよりよい選択をすることだと言えるでしょう。有田の方法でも長岡の方法でもまずは、目の前の子どもたちをよく見て、子どもたちにとってよりよい方法を探ることが重要です。

この「切実性論争」については、教師の子ども観や授業観、ライフスタイルなど、様々な視点から見ることで、これからの授業づくりに大きなヒントを与えてくれると考えます。そのため、今後も研究を続け、また違うところで紙面を割いてお話ししたいと考えています。

学習問題には類型がある

北は、学習問題には類型があり、

1　事実追究型
「学校のまわりのようすは、どのようになっているのでしょうか」
2　論理的追究型
「市の土地のようすと土地の使い方とは、どのようなつながりがあるのでしょうか」
3　探検型
「地域の人がたくさん集まる場所を、学校のまわりをたんけんしてさがそう」
4　意思決定型
「商店がいに大ぜいのお客さんが来るようにするには、自分だったらどうしますか」
5　作業体験型
「学校のまわりのようすを調べて絵地図にまとめましょう」（作業）
「地域の清掃活動に参加し、地域の人々の協力のようすを見てこよう」（体験）

と五つの類型に分けて考えています。(12)

社会科の学習内容によってこの類型を使い分けながら学習問題をつくることが求められます。いずれにしても子どもたちが切実さを持って、学習問題をつくることが大切です。

学習問題の課題と楽しみ

学習問題をつくることは、容易ではありません。子どもたちの知っていることをくずすような教材の提示はなかなかできませんし、子どもたちの共通の問題として探り、考えるようにしていくプロセスは、時間がかかります。

学習問題はすぐに上手くできるものではありません。しかし、子どもたちと教師で、共通の問題をつくり、話し合うことができれば、授業の醍醐味に触れることができるでしょう。

引用・参考資料

（1）北俊夫（二〇〇四）『社会科・学習問題づくりのアイデア』明治図書、六三頁。

（2）北俊夫（二〇〇四）『社会科・学習問題づくりのアイデア』明治図書、六四頁。

（3）北俊夫（二〇〇四）『社会科・学習問題づくりのアイデア』明治図書、六四～六五頁。

（4）谷川彰英（一九九三）『問題解決学習の理論と方法』明治図書、一一一～一一三頁。

（5）奥村好美（二〇一一）「有田和正の授業観の転換についての一考察：切実性論争に着目して」『教育

方法の探究』六四〜七二頁。

有田和正と長岡文雄については拙著『社会科でまちを育てる』(東洋館出版)も参考にした。
(6) 有田和正(一九八八)『授業がおもしろくなる授業のネタ　社会3』日本書籍、四〜五頁。
(7) 長岡文雄(一九八六)『考えあう授業』黎明書房、二八〜二九頁。
(8) 長岡文雄(一九九〇)『授業をみがく―腰の強い授業を』黎明書房、四三頁。
(9) 有田和正(一九九四)『「考える子ども」を育てる社会科の学習技能』明治図書、四六〜四九頁、八五頁。
(10) 奥村好美(二〇一一)「有田和正の授業観の転換についての一考察:切実性論争に着目して」『教育方法の探究』六四〜七二頁。
(11) 築地久子(一九九一)『生きる力をつける授業　カルテは教師の授業を変える』社会科の初志をつらぬく会(個を育てる教師のつどい)編、黎明書房、二二一〜二二三頁。
(12) 北俊夫(二〇〇四)『社会科学習問題づくりのアイデア』明治図書、四九〜六一頁。

コラム1

若き日の長岡文雄先生

長岡文雄先生は，1917年に福岡県八女郡光友村に生まれました。現在の福岡県の八女市に当たります。そして，関東大震災の翌年の1924年に福岡県八女郡光友小学校に通いました。現在は統合して新しい学校になっています。

そこで長岡先生は，3年生の担任として，青年教師の松延信蔵先生と出会います。この松延先生の出会いが教師になるきっかけになったと述べています。ちなみに松延先生の長男は，作家の五木寛之さんです。また，光友小学校では「木下竹二の奈良の学習法」が学ばれ，その後の奈良女子大学附属小学校での実践につながりがあるのが興味深いと言えます。

その後，長岡先生は，1932年に小倉師範学校に入学します。この在学中に父親を亡くされたのですが，多くの先生の励ましによって立ち直ることができたと振り返っています。

その時の岡島隆正先生との出会いは長岡先生のその後に大きな影響を与えました。岡島先生は当時30歳余りの若い先生でしたが，素晴らしい書の実力があり，長岡先生を大変厳しくも丁寧に指導してくれたとおっしゃっています。教生（教育実習生）代表で習字の授業をする時に，岡島先生に，「どう教えたら良いでしょう」と尋ねると，「教えるなんて。どいつも教生に行くとすぐそんなことを言い出す」と大目玉を受けたとも書かれています。岡島先生はその後，若くしてすぐ亡くなってしまいます。ですが，岡島先生の構えはその後の長岡先生の授業に対する姿勢にもつながっていると私は感じています。

その後，長岡先生は，福岡県の山村の学校で勤務された後，小倉師範附属，そして奈良女子大学附属小学校の教員として活躍されることとなります。

小倉師範附属小退職間近の長岡文雄
（1943年3月末撮影。長岡二朗氏提供）

引用・参考　長岡文雄（1996）『私の歩む道』伸光印刷（私家版）
（初版は『考える子ども』（社会科の初志をつらぬく会機関紙）に掲載された「私の歩んだ道」（1990年～1992）より）

第七章　授業を子どもたちと楽しむために

授業の過程を考える

長岡は、学習指導の過程として、

一般に、授業の過程として、「問題をもつ、問題についての仮説をもつ、検証する、まとめて発展させる」というようなものを考えることができる。この過程は、「どの授業時間内でも通らねばならない」というように機械的に受けとめると窮屈である。単元の流し方として、大きくは、このような過程が考えられるし、数時間にわたった小単元でも考えられるし、あるときは、一時間の授業だけでも考えられる。

要は、形式にはまりこまないで、形式を生かす技量が必要である。

としています。[1]

長岡の授業の過程を図式化して考えると次のようになりました。これを一時間で行う場合もあれば、単元全体で行う場合もあります。

大切なことは、授業における教師の「柔軟性」ではないかと考えます。

初任者や若い先生は、教師が問い、子どもが答えるという授業が四十五分、五十分間続くことが、「授業の成立」であると考えるでしょう。なぜならば、それは、教育実習を通して、こうした授業が大切であると身をもって学んでいるからです。

しかし、実際の授業は、教育実習の場ではありません。問題づくりで一時間が終わる時があっても良いですし、話し合いが続くこともあります。一時間一時間というより単元の中で、子どもたちの学びが成立することが何よりも大切です。

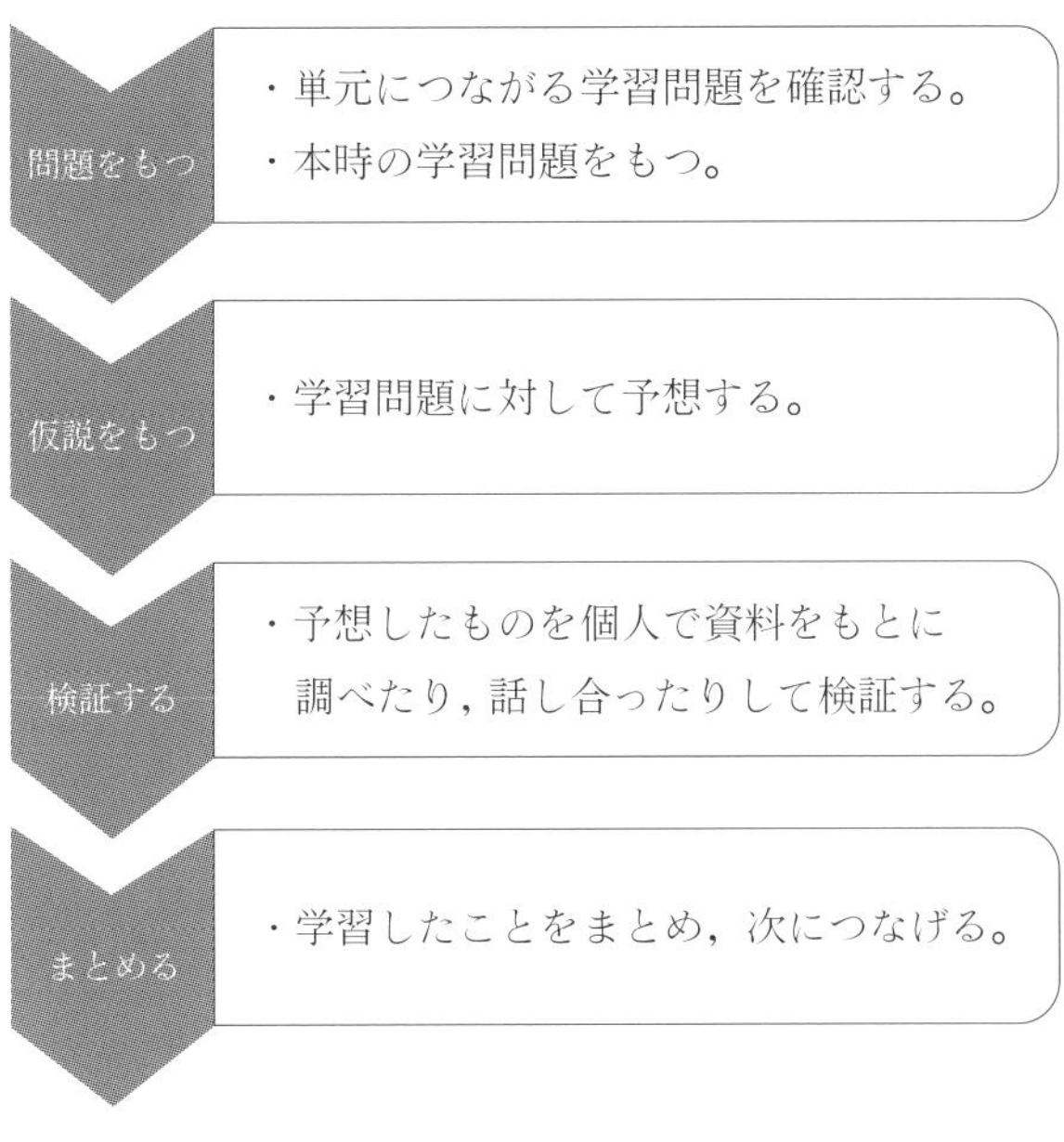

問題をもつ	・単元につながる学習問題を確認する。 ・本時の学習問題をもつ。
仮説をもつ	・学習問題に対して予想する。
検証する	・予想したものを個人で資料をもとに調べたり，話し合ったりして検証する。
まとめる	・学習したことをまとめ，次につなげる。

私の初任者時代を例に考えてみましょう。

次の文章は、私の初任の頃に書いたものを一部加筆修正したものです。二十歳前半の、当時の私の様子を表しています。(2)


今でも、一年目の夢を見ます。

子ども達がほとんど私の話を聞かないのです。話す方の人を見ていないならまだいい。話している途中からケンカが始まります。

まさに、四月に学校が始まって一週間は「悪夢」でした。

初日に教室に入ると、子ども同士がケンカ。靴を入れる場所を決めるために靴箱に移動中にケンカ。ケンカ、ケンカ、ケンカでした。些細なことで、ケンカが始まる。子ども達がイライラしていました。席に座らず、立ち歩く子どもが数人いました。これにも参りました。立ち歩き、ケンカになる。それを叱る。叱ってすぐ、また始まる。それの繰り返しでした。四月はじめの三日間は向山洋一先生が言うように、「黄金の三日間」と呼ばれています。また、始まった一ヶ月間は、野中信行先生の提唱する「3・7・30」(最初の三日で一緒にやれるというイメージをもたせ、七日で学級の仕組みをつくり、一ヶ月で仕組みを定着させる)のように、学級をつくる大切な時期です。

しかし、その三日間は、まさに「黄金の三日間」ではなく、「悪夢の三日間」でした。何をやっても制御できない。大学生の頃、抱いていた夢や希望は打ち砕かれ、学校までの足取りが日を追うごとに重くなっていきました。

ここで、悪夢のサイクルが発生します。

授業を成立させたい。しかし、なかなか成立しない。そのために、教材研究や授業の準備を夜二時ぐらいまでする。そうすると、次の日がつらい。授業がうまくいかない。子どもはより荒れる。この繰り返しでした。しかも、初任者研修などで出張がある。そうすると、さらにひどい。ケンカやケガに拍車をかけました。出張先に何回か電話がかかってきます。

「掃除中にケガ……。○○君、病院へ。」

との連絡。

「もう……。ぼくが病院に行きたいよ。」

（中略）

しかし、いくら大変であっても学校や子ども達はまってくれません。たくさんの仕事や忙しさが襲ってきます。まさに教師生活一年目は、苦痛と忙しさの闘いでした。ふっと、忙しさの中で桜が散っているのが目に止まりました。

「桜か……。」

そういえば、教師だった父は、仕事が楽しいという話は、あまりしなかったなぁと思い出しました。父が話してくれて心に残っているのは、

・初任の頃、中学校が荒れに荒れていて、教室に生徒がほとんどいなくて呼びにいったこと。

・子ども達とうまくいかず、苦労した一年があったこと。でした。

桜を見ながら、思いました。

「ケンカもするし、立ち歩くけど、教室に子どもがいる。親父の頃よりいいか。」

そんな開き直りに近い状態で、子どもたちに桜ひろいを提案しました。桜をひろい、それを画用紙に貼りつけ、そこからイメージをふくらませ、表現をしていく活動です。

時間もゆったりと取り、桜や春のものをひろい、それを画用紙に創りあげていく。桜ひろいの中で、ケンカやもめ事をおそれていましたが、そういったことはほとんどありませんでした。そして思いました。

・私も子どもも「若い」。騒がしく、迷惑をかけるだろうけど、ゆっくりとお互い成長していく気持ちで、取り組んでいこう。

・とにかく、楽しく。

（中略）

母には、「桜ひろい」の授業などを通じて思ったことや苦しんでいることなどを率直に話し、よく励まされました。また、大学時代の恩師の先生や先輩の先生も心配し、励まし、アドバイスを一杯してくれました。

「大変だな。がんばれ。」

聞いてくれるだけでうれしかった。励ましてくれるだけでうれしかった。少しずつ、力が湧いてきました。

私の初任者時代と同じ経験をしている人もいるかもしれません。授業を成立させることが目的化し、子どもを見ることが少なくなり、余計に子どもたちとの距離が離れていくことがあります。長岡が子どもたちと授業をしている写真を見たことがあります。子どもたちが黒板の前で熱心に話し合い、その後ろで長岡が見ている写真です。まさに子どもたちの内面をじっくりと「さぐる」姿がありました。

長岡が「どんなに予測をしても子どもは教師の予測を越える。そこがまた教育の楽しみでもある」[3]というように、予測を越えてきたらそれを楽しむぐらいの気持ちを持ちたいものです。

しかし、そうは言っても、隣のクラスとの進み具合や周りの先生の声も気になることもあるでしょう。そのため、単元の計画をすすめることも大切にしながら、少しずつ子どもたちと先生による授業をつくっていきたいものです。

授業風景（昭和 50 年 9 月，『私の歩む道』より）

社会科学習指導案

指導者　教諭氏名

学年

日時

教室

単元名

単元の目標

この単元を設定した理由を述べる。子どもたちが社会についてどんな見方考え方をしているか。どんなものに関心を持ち，どんな問題をいだいているか。学級としての追究の傾向性はどうか。この子どもたちは，この単元をなぜ必要とするか。子どもたちがこの単元と取り組んで学習したら，各々の社会についての見方考え方がどのように深まることを期待できるかを記す。

学習区分と配時

本時の指導

題材

ねらい

本時についてのねらいを書く，座席表にもとづき，一人ひとりの考えをさぐって，本時のねらいを記す。

学習指導案の書き方（出典：長岡文雄『若い社会科の先生に』[5] より著者作成）

学習指導案づくりから

指導案の書き方から指導のあり方について考えてみましょう。長岡は、「指導案は、学習者である子どもを、いつもよく見極め、刻々の動きに即した指導の手を打てるための案でなければならない。どこまでも、教師が自在に子どもに向っていけるように、柔軟で、重層的な計画にしなければならない。子どもが、思いがけない出方をしてくることを覚悟し、どういう出方にも、それを目標に向かって生かしていける構えをつくりたいものである」(4)と述べています。そのため、指導案は「より生き生きとした授業をするためのもの」(4)であり、長岡は普段の授業は、自分に最も役立つように書けばどんなものでも良いとしています。大切なことは、「子どもをよく見、教材を選び、教師と子ども、子ども相互がからみ合って学習を深めるときの、授業のイメージをえがかねばならない」(5)ことだと述べています。その上で、学習活動は、「子どもの考え」「学習活動」「指導上の留意点」の三つの視点で書くと良いとしています。

これは、「学習をしていく子どもの考えが指導の出発であり帰結だ」(6)という長岡の思いがよく出ているものだと言えます。

指導案は、形式はどうであっても良いのですが、大切なのは、学習者である子どもたちの姿だと言えます。そのため、できるだけ、子どもたちをイメージしたものを指導案の中に残したいものです。

一人で調べる時間を確保する

長岡が長く勤めた奈良女子大学附属小学校では、現在でも大正時代から続く「奈良の学習法」に取り組んでいます。そこでは、独自学習という取り組みがあり、谷岡義高によれば、

本校の教育は、子どもの自律した学習の原論を提唱した木下竹次、そして子どもの思考に学び寄り添う重松鷹泰の理論に、学習の起点を置いてきた。時代の趨勢に流されることなく、子ども中心の教育を目指してきている。

木下竹次の提案した独自学習は、事象や問題に向かい合い一人で学びを立ち上げる過程を大切にしている。事象、問題を前にした子どもが、一人でノートに向かいながら、生活から情報を得たり、考えを深めたりしていくのである。新たな学びに出合ったとき、教師が最初に教えるのではなくて、子どもがまず考える機会を持つという、自立して学ぶ視点を示している。

と紹介しています。(7)

長岡が主張するように、切実さのある学びにするために、学習問題についてまず調べてみる、考えを膨らませていくという考えはとても良い方法だと言えます。谷岡によれば、「一人で学習に向かい合う独自学習では、書く力がとても重要になる。子どもたちは書くことによって、自分の学習

のめあてに向かって個人で追究を進め、学びを整理し、蓄積し、構成していくのである」(8)とされ、書くことが学習の大きな柱となっています。まずは、絵でも良いので書く（描く）、自らの学びとして言葉を残していく姿勢を育てることによって、学びはより自分ごととして考えることができるでしょう。そのために、独自学習のように一人で調べ、学習を深める時間はとても有効です。

予想する力を大切に

長岡は、「社会科の実力は、自ら問題を発見し、解決の見通しをつける力であるといってもよい。とくに、来年の世界の動きの見通しを立てるような、いわゆる予想する力であるといってよい」(9)と述べています。

長岡の実践を見ると、問題に対する予想を丁寧に書く子どもたちのノートに出会うことができます。長岡は「予測の中には、その子の生きる体制がにじんでいる。既有の経験、知識を総動員して新しい事態に見とおしを立てようとすると、自然に個性的な生きざまがあらわれる」(10)としています。

ここまでの予測を考えて書ける子にするには、継続した学びが必要です。奈良女子大学附属小学校は、基本的に一年生からの持ち上がりなので、長岡の指導を受け続けてきたからこそ書けるところはあると思います。

しかし、長岡だからこそできるのではなく、「自らの予想（予測）を書く」ことを大切に指導していけば、不可能ではないとも考えます。

予想を楽しもう

三年生の社会科の授業で、火事を防ぐための取り組みについて学んだことがあります。政令指定都市では、京都市の火事がおきる割合は、他の都市と比べ、少ないことに気付きました。子どもたちは、「木造の建物が多いから火事が多いのかな」と考えていたら、それぞれの都市と比較したグラフを見て驚きます。

「少ない！　なんで」

と疑問を持ち、その理由を予想していきます。

自分たちが住んでいるまちでなぜ火事が少ないのか。

その答えを一生懸命考えて書いていきます。

・火遊びをする人が少ない。
・注意できる人がいる。火遊びを大人が叱る。
・放火が少ないから。
・火の扱いができる。（上手という意味）
・たばこのすいがらが少ない。

・消防士さんが多いから。
・協力しているからじゃないかな。

など、意見がどんどん出てきます。

「寺や神社が多いから意識しているからだと思う」

と最初に述べた意見が一八〇度変わる発言もあり、

「あれ、さっきと逆になったの」

と聞くと、

「そう。あえてだよ。多いから気を付けているんじゃないかな」

という発言も返ってきます。

さらには、大人の発想にはない少し変わった意見もあります。しかし、それも子どもたちが普段の生活の中で見て感じているため、出てきた意見だと言えるでしょう。

消防士の方に聞くと、京都では防火の見回りの回数が多いことを述べられ、自主的な市民の防火への取り組みも理由に挙げられるでしょう。そうした意見をすぐ聞くよりは「予想」を出し合う時間を大切にすると、子どもなりの意見がたくさん出てきます。小学校の社会科でこの予想を出し合う時間を私はとても楽しみにしています。ぜひ、若い先生には、予想を出し合う場に楽しみを見出すことをおすすめします。

授業風景（昭和 50 年 9 月，『私の歩む道』より）

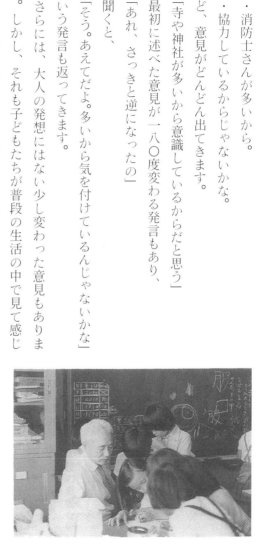

座席表と評価

指導をしたままでは、子どもの力はなかなか向上しません。通知表をつくる、テストをするだけではなく、子どもの力を高めるために、様々な方法で評価をすることが大切です。そうした評価をする上で、参考になるのが、座席表の取り組みです。

長岡は、授業の中で、

・その子の考えの核になっているもの
・授業においてゆり動かせる契機になっているもの
・相互学習で、考えをもり上げられそうなもの

を座席表にメモしていきました。そして、「子どもの考えをさぐり、その子に対する教師のとらえ方を修正し、座席表を発展させて」いきました。(11)

こうした座席表を、毎時間つくることは難しいですが、メモを残していくことは不可能ではありません。通知表作成といった「評価をするためだけに評価をする」のではなく、子どもたちが成長していくために評価をしていきたいものです。そのためにも、座席表の活用は極めて有効な手段として考えられます。

引用・参考資料

（1）長岡文雄（一九八三）『若い社会科の先生に』黎明書房、九二頁。
（2）長瀬拓也（二〇〇九）『若い教師のための読書術』ひまわり社、一九三～一九八頁。
（3）長岡文雄（一九八三）『若い社会科の先生に』黎明書房、八六頁。
（4）長岡文雄（一九八三）『若い社会科の先生に』黎明書房、八六頁。
（5）長岡文雄（一九八三）『若い社会科の先生に』黎明書房、八七頁。
（6）長岡文雄（一九八三）『若い社会科の先生に』黎明書房、八九頁。
（7）谷岡義高（二〇一五）「『話す力、書く力、つなぐ力を育てる』とは」『自律的に学ぶ子どもを育てる「奈良の学習法」「話す力、書く力、つなぐ力」を育てる』奈良女子大学附属小学校学習研究会、明治図書、七～八頁。
（8）谷岡義高（二〇一五）「『話す力、書く力、つなぐ力を育てる』とは」『自律的に学ぶ子どもを育てる「奈良の学習法」「話す力、書く力、つなぐ力」を育てる』奈良女子大学附属小学校学習研究会、明治図書、七～八頁。
（9）長岡文雄（一九八三）『若い社会科の先生に』黎明書房、九六頁。
（10）長岡文雄（一九八三）『若い社会科の先生に』黎明書房、九九頁。
（11）長岡文雄（一九八三）『若い社会科の先生に』黎明書房、八九頁。

第八章　ノートづくりで自分をつくる

ノートは「わたし」をつくっていくもの

若い頃は、見栄えの良いノートや板書にこだわっていたところがありました。しかし、大切なことは、そこから一人ひとりの「学び」が生み出されているかだと言えます。その上で、長岡文雄の言葉は、とても参考になります。

ノートは、子どもが、「わたし」をつくっていくためのものである。「わたし」の学習が、ノートを通して深められるように活用したいものである。(1)

自分にとって宝にしたいようなノートが生まれるようになれば、個性的な学習法が身についたといってよい。ノートが、自分の生きた、かけがえのない証文となる学習は、いうまでもなく、

本人自身のものであるから、ノートも本人の追究に即して工夫されたものになっている。(2)

社会科のノートは、社会についての自分の見方考え方を、ぐいぐいと書きこみ、これを検討修正して、さらに見方考え方を発展させるものである。(3)

四月はじめのノート指導で、「ここはこのように書きなさい」とフレームワークを定めて書き方を決めることがあります。私自身も四月の初めは、そのようにしています。しかし、大切なことは長岡が述べるように、「わたしをつくっていくためのもの」ではないでしょうか。そのため、ノートの美しさにこだわるだけではなく、自分の考えがたくさん詰まったノートにしたいものです。

ノートの効用

「個性のにじんだノート」にするために、長岡はノートの効用をまとめています。要約すると次のようになります。(4)

第一は、書くことで、自分のとらえたものを明確にし、それを検討、修正し、社会に対する自分の見方考え方を発展させ深めていける。

第二は、音声と違い、視覚的に残るので、あとで見直したり、教師や仲間に読んでもらったり、自分で読んで発表したりすることで学習を確実なものにできる。

第三は、書いたものを教師も手軽に読むことができ、子どもの考えを理解し、その子に即した授業を構想するもとになる。

第四は、ノートを書くにつれて、分量が増し、重量感が出てくるのがはっきり分かるので、楽しみがわき、学習の生きがいを感じやすい。

第五は、ノートによって、自分の学習の遍歴をつかみ、自分の成長を大観し、評価することができる。これが自分の学習法を形成する鍵となる。

その上で、長岡は、ノートの記述の上に思（思ったこと）、予（予想）、資（資料）、考（考えたこと）という、子どもが自分で考えた記号を付けてまとめているノートを紹介しています。(5) 長岡の実践を読むと、この四つを汗をかきながら熱心に書く子どもたちの姿に出会うことができます。

こうした「わたしをつくるノート」をつくるために、私は、

・まずは書いてみる。
・書いたことをほめる、評価する。
・ものを作りながら書く。
・絵を描きながら書く。

・書きたいと思うような話し合いをする。
・書きたいと思うような板書を考える。

といった、「思わず書いてみたい」瞬間をたくさん生み出す工夫が必要ではないかと考えています。子どもたちが夢中で書く時間をつくり、多少、字が整っていなくても、

「よく書いているな」

とほめることで、充実した気持ちになります。

書きたいと思うような板書に

社会科の板書では、私は初任の頃から佐藤正寿の実践を参考にしてきました。(6)ノートの左から、テーマ、学習問題、予想と続き、話し合ったことをまとめます。話したいことを、子どもが書いて友達に説明する場合もあります。ノートと板書を一体化するように意識し、ノートに書くように板書を書くようにしています。ノート指導やフレームワークを定めて書くことは決して悪いことではありません。大切なことは、そこで止まらないということです。そこから子どもたちがたくさんアレンジをし、子どもなりのノートができたら「大したもの」だとほめてあげなければいけません。

また、長岡のみならず、多くの実践者は子どもに板書をさせるという活動をよくしてきました。

私自身は、どちらかというと教師が書くことが多いのですが、子どもたちに書かせるのも良い方法だと考えています。

もちろん、全てを子どもに委ねることは難しいのですが、縦にして書くと、同時に書くことができるので、できるだけ多くの子の考えを生かすこともできます。発言をしない、できない子の中にも、考えを持っている子は大勢います。そのため、そうした子たちがより参加できるように、子どもたちに黒板に書かせるということは意義があります。

自分を学びに投入する姿を書く

体験活動は子どもたちが自分ごととして学びを引き出すことができ、そこでの思いを書くことにつなげることができます。

長岡は、「からだを通して学習するということは、他人の働きについても、これを実感的にとらえる足場をつくる」[7]とし、「二年生の子どもが、自分でパンを作って焼いてみたり、かかしを作って田に立てに行ったりすることによって、学習の効果を高めることができる。自分のパン作りの苦労、材料や作り方の工夫などが、パン工場のパンの生産やそこで働く人の様子を見る具体的な視点を生ませ、自分を投入させる」[8]と述べています。

私は、この長岡の「自分を投入させる」というのが、なんとも子どもたちの様子が伝わってきて良い表現だと考えています。子どもたちが汗をかきながら体験したことによって、働く人の思いに立つことができます。頭だけで考えるというより、身をもって知っているからこそ、話し合いも熱を帯びるでしょう。

私自身、前章でも述べていますが、総合的な学習の時間を中心にトマトの栽培に子どもたちと取り組んでいたことがありました。一軒家ほどある土地を使っての作業は楽ではありません。子どもたちと汗を流して、泥だらけになりながら作業をしたこともあります。

しかし、真っ赤なトマトが初めてできたときの教室の雰囲気はなんとも言えない高揚感に包まれます。こういう体験はどんな資料にも勝ります。自分がトマトを育ててきたという自負があり、その経験をもとに食料生産について考えると、より自分ごとに感じます。何より、生産者の方への関わり方も変わっていきます。

これは、収穫前のポットで育てた苗をビニールハウスの土に移す時にある子が書いた作文です。

ポットで育てた四つの苗をビニールハウスの土に移します。しかし、移す時や育てていく中で、弱くなってしまったり、枯れてしまったりすることがあります。「あんなに丁寧に育てたのに……」と思うこともあります。その中で、この子は終わった後、次のように書きました。

僕は、トマトづくりをして、いろいろなことを学びました。水の量で育つ、育たなくなったりして、1日でも忘れたりしたら、枯れてしまうかもしれないんだってことを知りました。ぼくがめざすのは、形のいいトマト、赤くておいしいトマトをつくってみんなに食べてもらうことなので、そのためにもトマトをしっかり育てていきたいです。そのために、4つの苗をからせずにしっかり育てていきたいです。土日の休みや学校の休みの時、家が近いので、できる時や学校に来た時にトマトに水をあげるのを忘れている人のトマトに水をあげることとかをしっかりやりたいです。でも、カップのメモリを間違っていたり水の量を間違えたりしたら、他の人のカップをかしてもらったりして育てたいです。6年生が育ててくれている苗をもらわずに、先生の予備のものをもらわずに、いいトマトを作りたいです。

この子の書いた文章の最後に「苗をもらわず」という強い意思表示が見られます。「決して失敗して苗をもらうようなことはしないぞ、しっかり育てるんだ」という静かな闘志が見られます。このように、体験をすることで、長岡が述べる「実践の足場」が生まれ、子どもたちがノートにも、「自分を投入する」姿や思いを表現することができます。

もちろん、こうした体験がいつでもできるわけではありませんが、体験を通して学ぶことはとても意義あることだと言えます。そして、体験をしたその瞬間を狙って書く機会を与えることも大切です。少し時間を置いたり、子どもたちの心が温まっていない時に書いたりしても、自分を投入していないため、空虚な作文になることもあります。そのため、子どもたちの「書き時」を見つけるのも教師の仕事だと考えています。

構成活動も子どもの思いを引き出す

体験ができない場合は、教室で構成活動をすることも良いでしょう。構成活動とは、長岡の著作を見ると、「ポストを実際につくる」など、何かをつくったり、描いたりしながら学習を深めていくことであると言えます。

長岡は構成活動について次のように述べています。(9)

子どもの学習に生気を与える学習活動の第一は、構成活動である。

自分のかかわりが、構成物として対象化されていくので、実に手ごたえがある。自分の働きにつれて、物が構成され変化していく喜び、そのなかにある思いがけなさ、創造のおもしろさがあるとともに、構成を通して、自分をたしかめ、とらえ直すということがある。これは、極めて、貴重な学習の場となる。もともと人間は、自然に構成を求めている存在なのである。

構成活動は、構成を通して、事物をたしかめ直すはめに陥りやすい。「本物のようなポストを作ろう」という活動を始めると、これまで知っていると思っていた程度のポストでは、作りようがなくなってくる。わかっていると思って作り出しても、「さて、鍵穴はどこについていたか」というように、うっかり見落としていたことに気付いてくる。何回も見直しに出かけなければならなくなるということは、それだけ学習が深まっていくことである。

そしてポストを作り、何回もポストをなでに行っている過程で、さらにこれまでに気付いていなかったことに気付き出すのである。郵便の集配車に出あったり、ポストを開けるところを見ることができたりもする。

なお、重要なことは、ポストを作ったりしていく作業をグループでやったりしていくと、作るプロセスで生まれた個性的な考えが、つき合わされ、発展していくことである。

口頭での、ただの話し合いであると、話したことばは再び聞きとれないが、構成物を媒体としての話は、きわめて具体性に富んでいて実りが大きい。

相互学習のとき作品発表するとしても、構成物による発表には人気がわく。構成物を手がかりにすると、学級としての焦点化した学習もできやすい。

長岡のポストの授業は、とても有名であり、有田和正も影響を受けた実践だったと言われています。実際につくってみること、やってみることで、違いが明確になっていきます。一見簡単そうに見えて、つくってみると難しくなり、長岡が述べるように何度も確認することで学びが深まっていきます。また、長岡は劇化することの大切さも説いています。実際に演じてみるという学習行為も子どもたちの意欲を高め、自分ごととして考えることにつながります。こうした瞬間も大切にすると、子どもたちの思いのこもった作文に出会えます。

私自身、総合的な学習の時間に子どもたちとトマトを育て、次の学年にそのトマト栽培の学習を引き継ぐ会をしたことがありました。その時、劇や模型を使って、水やりや土づくりの様子を伝えるグループがありました。こうした活動は、ありありと学習の様子を再現することができます。

見学・調査活動もノートづくりとつながる

社会科において、見学、調査が重視されるのはなぜでしょうか。

長岡は、「社会科が、『子どもの社会に対する問いかけを取り上げ、その追究を支援して、社会の見方・考え方を深めさせること』をねらうからであり、子どもの学習対象は、子どもをふくみこみ、現実に生きて動いている社会そのものにあるからである。子どもが、自らの目で社会を見つめ、実証的にそのしくみや動きのすじを発見し、自分なりの統一のある見解をうちたてて生きていくように導くには、見学・調査活動を必要とする」(10)としています。

しかしながら、長岡は、見学・調査活動の問題点も指摘します。それには次のようなものが挙げられます。(11)

○時間がかかり、授業時間が不足する。

○わずらわしい。――現地との交渉、下見を要するので、準備に手間どり、気をつかう。

○対象の都合が子どもの学習の流れとかみ合わないことがあるので計画を立てにくい。

○交通事故が心配。――校外へ児童を連れ出すときは、管理について、特に気をつかう。
○肝心なものを見てくれない。――見学に出かけたのに、目標に迫る対象とちがうものに気をとられ、学習がぼやけることがある。（略）
○現地の人の説明が、子どもの学習に即しない。――程度が高すぎたり、用語が子どもになじめないものであったりすることがある。また、子ども自身が気づき、考えていかなければ意義がないようなことも一方的に説明してしまうことが多い。
○メモをとる力が欠けていて、要点をおさえられない。――見学・調査にはメモが必要であるが、能力が低いため、時間をかけた割りに、確かなつかみ方ができない。
○事実にもとづいた自分の考えが立てにくい。――調査をしても、データを出したらそれで終わりとなりやすい。事実にもとづいて、自分の考えを立てていく学習の構えが欠けていると、効果があがらない。

こうした問題点を読んでいると、私も校外に引率をする時よくやってしまいがちな失敗が多くあり、「そうそう」と思わずうなずいてしまいました。子どもたちが「肝心なものを見ていない」ということは教師をしているとよく出会います。

その上で、「『見せさえすれば、子どもは見る』という、安易な教師の構えを廃したい」[12]という長岡の主張は社会科を実践する身としては心に強く残しておきたいものです。子どもの内面を見ながら、子どもに寄り添って、視点を工夫するだけで、子どもの学びは豊かになります。

その上で、見学や調査活動において、長岡は、

①　質の良い対象を
②　適切な時期を
③　くり返しのきくものを
④　問いかける姿勢と予見
⑤　焦点づけ

の五点を意識すると良いと述べています。(13)
この五つを踏まえてみると、私であれば、消防署に見学に行くことになったら、
①　子どもたちの興味や関心を高めるところは、消防署のどんな場所か。消防士さんの姿から心を打つところ、自分と比べて考えられるところはどんなところか。
②　学習の流れの中で、最も子どもたちの思いが高まり、意欲が高まるのはいつなのか。
③　見学を終えた後も、繰り返し学習ができるものはどんなものか。繰り返しができないものはノートを取り、写真や動画を撮るなどの工夫をする。
④　消防署を見学するときの子どもたちの予想を大切にし、消防士さんの姿からさらにどんな予

想（予見）をもったり、考えをすり合わせていけたりするか。
⑤　見学になると散漫になりがちなので、どこに焦点を当てながら見ていくと良いか。
と考えます。このように考えるだけでも、社会科での子どもたちの見方は大きく変わっていくでしょう。同じ三年生でも見る時期や見る対象が少し異なるだけで学びは大きく変わっていきます。ここに授業や学びの楽しさがあります。

引用・参考資料

（1）長岡文雄（一九八三）『若い社会科の先生に』黎明書房、一二二頁。
（2）長岡文雄（一九八三）『若い社会科の先生に』黎明書房、一二一〜一二二頁。
（3）長岡文雄（一九八三）『若い社会科の先生に』黎明書房、一二三頁。
（4）長岡文雄（一九八三）『若い社会科の先生に』黎明書房、一二五〜一二六頁。
（5）長岡文雄（一九八三）『若い社会科の先生に』黎明書房、一二六頁。
（6）佐藤の実践については、佐藤正寿（二〇一三）『新版　学力のつくノート指導のコツ』学陽書房を参考にしてきた。また、岡本美穂（二〇一六）『子どもの力を引き出す　板書・ノート指導の基本とアイデア』ナツメ社、柳沼孝一（二〇一四）『授業の工夫がひと目でわかる！　小学校社会科板書モデル６０』明治図書も参考になる。
（7）長岡文雄（一九八三）『若い社会科の先生に』黎明書房、一〇三頁。
（8）長岡文雄（一九八三）『若い社会科の先生に』黎明書房、一〇三頁。

（9）長岡文雄（一九八三）『若い社会科の先生に』黎明書房、一一六～一一七頁。
（10）長岡文雄（一九八三）『若い社会科の先生に』黎明書房、一〇五頁。
（11）長岡文雄（一九八三）『若い社会科の先生に』黎明書房、一〇七～一〇八頁。
（12）長岡文雄（一九八三）『若い社会科の先生に』黎明書房、一〇八頁。
（13）長岡文雄（一九八三）『若い社会科の先生に』黎明書房、一〇八～一一二頁。

第九章　総合的な学習の時間で探究心を育てる

探究心に必要なもの

書店に行くと、「探究」と名のついた本が何冊か並んでいることがあります。「探究」という言葉は「総合的な探究の時間」をはじめとして、高等学校で主に使われていますが、学校教員のみならず、社会の中でも注目される言葉になりました。

さて、「探究」とはどんな意味でしょうか。

辞書で調べると、「物事の意義・本質などをさぐって見きわめようとすること」（『大辞泉』）とあります。

探る
究める

が合わさった言葉であり、「究める」は「深いところまで突き詰める」という意味があります。

探究心は、教えられて身につくものでもありません。その人の心の中で、「深いところまで、突き詰めて探っていきたい、調べていきたい」と願う心を育てるにはどうすれば良いでしょうか。

それは、教えるものではなく、育てるものだと私は考えています。

最終的に自分で探究心を育てる人に

私には五歳と二歳の子どもがいます。子どもたちは様々なことに興味津々です。二歳の男の子は、まずは口に入れてみたり、体を揺すってみたりと、様々な対象に対して探究していきます。長岡文雄が述べるように体当たりで学んでいきます。私たちが子どもたちに投げかけをするだけではなく、三歳年上のお姉ちゃんの真似をして、体いっぱいに見て、聞いて、触れて、嗅いで、感じています。

そして、保育園や幼稚園で先生たちや友達との出会いがあります。

先生たちは一緒に遊んでくれたり、本を読んでくれたりしながら、集団の中で学ぶことができるように、環境を設定してくれます。家族では、お姉ちゃんしかいなかったのが、様々な人たちと関わりながら探究していきます。また、上の子も、家ではお姉ちゃんでも幼稚園に行けば、まだ小さな子です。もっと上の年齢の人たちと遊び、様々なことを教えてもらいます。

そして、小学校に入学していきます。

幼稚園の頃と比べて、より明確なテーマや時間の設定があり、自分たちで問題を解決しながら探究することの大切さも学びます。先生は教科や領域の中で、探究する内容について設定し、問いかけながら育てていきます。小学校、中学校、高校と探究する心を豊かにし、さらにその心を生かすためのスキルも磨いていきます。

そして、最後は、探究心を自分で育てていくようになります。大学は、そうした探究心を発揮する場と言えるでしょう。

探究心を育てるために学習者を知る

探究心を育てる。

そのためには、長岡が述べているように、子どもたちの内面を探る、つまり子どもたちの内面を「知ろうとする」ということがまず欠かせません。まず、学習者が何を考え、何を願っているのか。どんな心理状況なのか。様々なメッセージを放つ子どもたちの思いに触れようとすることです。これは、小学校だけではありません。大学も同じです。私が大学で授業をしたときも、「この学生はどんな願いを持っているのだろうか」と考えながら学習課題を考えていきます。オンラインであっても、レポート一つでも、そこには何らかのメッセージがあり、それを受け入れていこうとします。

学習者を知ること。

それが、探究心を育てる出発点ではないかと考えています。

そして、学習者の探究心を育むような問いを子どもたちとつくり、一人ひとりを考えながら授業をしていく。子どもたちが白熱して話し合えるにはどうすれば良いかを考えて授業に臨みます。

長岡実践で大切にしてきた「子どもたちの切実さ」に至るにはどうすれば良いか。私自身も試行錯誤し、時には悩み、時には子どもたちが夢中で取り組む姿を見て励まされます。

総合的な学習の時間と探究心

こうした子どもたちの探究心は、どの教科、領域でも育てることができます。その中で、特に大切にしたいのが、総合的な学習の時間です。

総合的な学習の時間は、今では一般的な授業の一つとして位置付けられていますが、創設された当時は大きな話題になりました。少し、その歴史を紐解いてみましょう。

総合的な学習の時間は、一九九八年に教育課程審議会の答申を経て、二〇〇〇年より段階的に導入され、二〇〇二年の学習指導要領の全面実施により完全導入されました。文部科学省の「教育課程部会 生活・総合的な学習の時間 ワーキンググループ」の資料に総合的な学習の時間の導入の経緯が載っています。(1)

この資料から分かるように、

・社会の変化に主体的に対応できる資質や能力を育成したい。
・教科等を超えた横断的・総合的な学習を円滑に実施したい。

という視点から、総合的な学習の時間の創設の提言がなされました。また、この提言のもととなったのは、一九九六年の中央教育審議会「21世紀を展望した我が国の教育の在り方について」において、「知識を一方的に教え込むことになりがちであった教育から、子供たちが、自ら学び、自ら考える教育への転換」が求められたことです。特に、

・教育内容の厳選と基礎・基本の徹底
・一人一人の個性を生かすための教育の改善
・豊かな人間性とたくましい体をはぐくむための教育の改善
・横断的・総合的な学習の推進
・教科の再編・統合を含めた将来の教科等の構成の在り方

などが大きなポイントであり、現在の学校教育のあり方につながっています。(2)

しかしながら、その道のりは険しく、問題も多く発生しました。

文科省の調査をふまえた篠原正典の指摘を要約すると、

・各学校の判断により、創意工夫を活かして展開される必要が生まれた。
・柔軟に対応できる一方で、教科書のない新しい領域への対応への学校や教師の戸惑いが生ま

れ、活動に学校間の温度差が出てきた。
・必要な力がついたかの検証・評価が十分に行われていない。
・教科との関連に十分に配慮していない。
・教科書にはない新しい領域で教師は何を行って良いか分からない。
・比較的安易に実施できる補充学習や教科の知識・技能の習得に図られる。
・運動会の準備などと混合された実践が行われる。
・学習よりイベント実施となるケースが見受けられる。

などの課題が起きたことが述べられています。(3) そのため、今日まで学習指導要領の改訂を通じて、目標の明確化やカリキュラムマネジメントの必要性が位置付けられました。とくに、平成二十九年の学習指導要領には、「総合的な学習の時間」の目標が次ページ上のように明記され、「探求的な見方・考え方」が位置付けられました。(4)

第１　目標

探究的な見方・考え方を働かせ，横断的・総合的な学習を行うことを通して，よりよく課題を解決し，自己の生き方を考えていくための資質・能力を次のとおり育成することを目指す。

(1) 探究的な学習の過程において，課題の解決に必要な知識及び技能を身に付け，課題に関わる概念を形成し，探究的な学習のよさを理解するようにする。

(2) 実社会や実生活の中から問いを見いだし，自分で課題を立て，情報を集め，整理・分析して，まとめ・表現することができるようにする。

(3) 探究的な学習に主体的・協働的に取り組むとともに，互いのよさを生かしながら，積極的に社会に参画しようとする態度を養う。

小学校学習指導要領「総合的な学習の時間　目標」

しかしながら、総合的な学習の時間には、授業を準備する時間が必要になり、篠原が「多忙である教員にはそのような時間を確保する余裕がなく、前述したような表層的な学習に終始し、本来の総合的な学習の時間の目的が達成されていない学校も多くみられたのが実態である」(5)と述べているように、教師の働き方にも大きく影響します。篠原が指摘する問題は現在でも大きくは改善されたとは言えません。

つまり、教師が「探究心を育てたい」と思える環境には至っておらず、もっと言えば、教員が不足している現状からも悪くなっている可能性もあります。

そのため、教師が「総合的な学習の時間を通して子どもたちと一緒に探究したい」と臨むようにするためには、「今までの学校が培ってきた総合的な学習の時間の学びをいかに生かそうとするか」が鍵ではないかと考えています。

今までの学校が培ってきた財産を生かそう

働き方改革が叫ばれています。しかし、教師の多忙は大きく改善されているとはなかなか言えません。そうした中で、教師が子どもたちの探究心を育てる総合的な学習の時間にするには、各学校が培ってきた財産を生かすことが必要です。

私が以前中学校の教員として勤めていた岐阜県の中学校の地域では、杵振り踊り（祭り）と呼ばれる祭が四〇〇年以上前から、長く続いていました。五穀豊穣を願って踊ってきたものとされ、また大切に育ててきた文化でもあります。

私が赴任した当時は今から十年以上前なので、現在のことは分かりません。しかし、当時、学校では、この文化を継承するために、授業の中でこの杵振り用の道具をつくり、杵振りを学ぶ時間がありました。体育祭で応援合戦の代わりに杵振り踊りを披露するなど、地域の文化が中学校の教育課程と合わさっていたのです。また、現在は閉校してしまいましたが、京都市立粟田小学校では、環境教育に取り組みました。学生時代に粟田小学校の子どもたちが環境学習の取り組みを発表する姿にとても心を動かされたことを覚えています。このように、総合的な学習の時間が始まってから、地域と学校が培ってきた総合的な学習の時間の財産がたくさんあるのです。こうした財産は、ずっと受け継がれ単元化され、実践されている学校もあれば、記録だけ残っているところもあるでしょう。

長岡文雄がいた奈良女子大学附属小学校は、長岡が在職する以前から、木下竹次らによる合科教育の伝統がありました。そうした背景を踏まえ、戦後、文部省から「生活カリキュラム」の実験校に指定され、「奈良プラン」と呼ばれるカリキュラムが生まれます。

長岡は「奈良プラン」について次のように述べています。(6)

「奈良プラン」は、「生きがいカリキュラム」と呼んでもよい。それは、それぞれに「生きがい」を生ませる三つの生活を子どものものにすることによって、「人間として強い人間は育つ」と考えたからである。三つの生活というのは、「しごと」、「けいこ」、「なかよし」と呼んだ。「カリキュラム、ガイダンス」などのことばがはびこる教育界で、私たちは、あえて「やまとことばで」と誓ったのであった。「しごと」は、大人が仕事とするように、子どもなりの仕事、遊び(総合学習)を学習する。「けいこ」は、必要とする各種能力を端的に、また継続的に伸ばす。「なかよし」は、自分たちの生活を共同でつくり出す(特別活動)ものであり、子どもが、それぞれの学習生活で生きがいを生むことを期待した。

私は、「しごと」学習で、子どもの本然の問いを発掘させ、全身全霊を打ち込んだ追究を生み出させることに心をくだいた。

奈良女子大学附属小学校では、今でもこの奈良プランが脈々と受け継がれています。一方、公立小学校の場合は、統廃合が進み、その学校が残してきた総合的な学習の時間のアイデアや実践が失われつつあります。教育委員会が、そうした学校のアーカイブを残しておくことで、次世代の方の参考になると思います。またそうした研究も必要ではないかと考えています。

総合的な学習は地域と密接な実践が多いので、地域活性化にもつながります。寺本潔は『総合的な学習で町づくり』（明治図書）という本を出していますが、まさに、総合的な学習をすることで、子どもたちがその町を知り、町をより良くしていくきっかけになると思います。

いずれにしてもこうした学校が残してきた財産を生かし、目の前の子どもたちの実情に合わせて学びをつくっていくことが欠かせません。

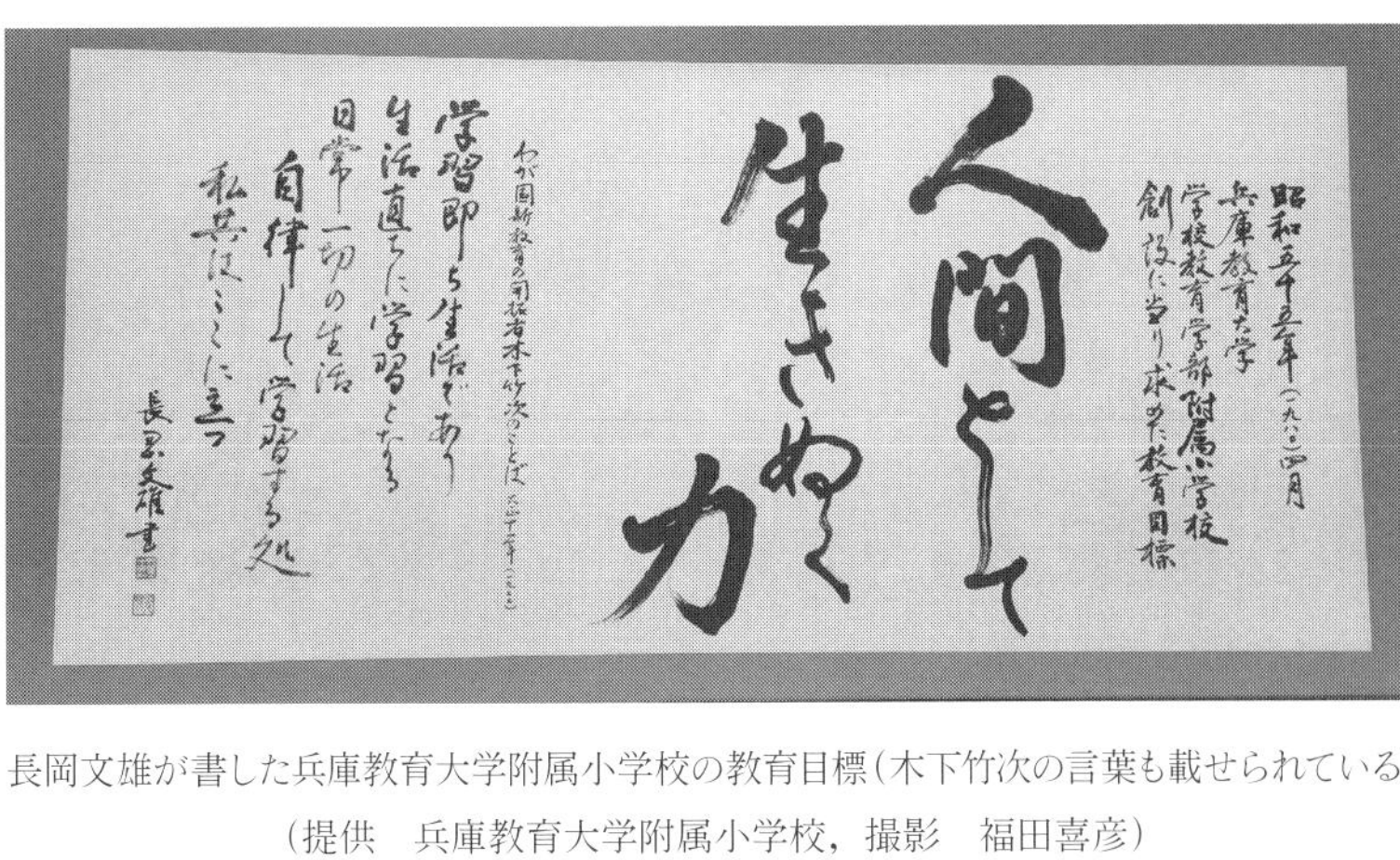

長岡文雄が書した兵庫教育大学附属小学校の教育目標（木下竹次の言葉も載せられている）
（提供　兵庫教育大学附属小学校，撮影　福田喜彦）

引用・参考資料

（1）文部科学省（二〇一五）「教育課程部会 生活・総合的な学習の時間 ワーキンググループ」
https://www.mext.go.jp/b_menu/shingi/chukyo/chukyo3/064/siryo/_icsFiles/afieldfile/2016/01/07/1365764_3.pdf

（2）中央教育審議会（一九九六）「21世紀を展望した我が国の教育の在り方について」
https://www.mext.go.jp/b_menu/shingi/chuuou/toushin/960701.htm

（3）森田真樹・篠原正典（二〇一八）『総合的な学習の時間』ミネルヴァ書房、三〜四頁。

（4）文部科学省（二〇一七）「小学校学習指導要領　総合的な学習の時間」

（5）森田真樹・篠原正典（二〇一八）『総合的な学習の時間』ミネルヴァ書房、三〜四頁。

（6）長岡文雄（一九九六）『私の歩む道』伸光印刷、三九頁。
初出は、「社会科の初志をつらぬく会」機関紙『考える子ども』No.196号、一九九一年三月に掲載。

書家としての長岡文雄先生

本書では，あまり触れてはおりませんが，長岡文雄先生は書家としても大変有名です。長岡先生の息子さんにお話をお聞きすると，長岡先生は，春日大社で行われる書道会や看板の書でもお手伝いをすることがあり，南門を入ったところにある「参拝所」の看板は長岡先生がお書きになったものが使われているそうです。

長岡先生は，若い頃，書家，日下部鳴鶴の書に出会い，のめり込んでいったそうです。長岡先生ご自身が「書に狂う」と述べられているほど夢中になり，書道家の石橋啓十郎（犀水）先生に習いたくて，小倉の師範学校を受験します。当時，福岡県には福岡と小倉に師範学校があったのですが，自宅に近い福岡を飛び越えて小倉に行ったというわけです。試験官に「福岡師範をなぜ飛び越して受験したのか」と聞かれ，「この学校に石橋先生がおられるからです」と答えると「お前は変わっとる」と言われたというエピソードをのちに語っています。

しかしながら，石橋先生は，長岡先生が入学すると入れ替えに広島文理科大学に入学されてしまいます。そこで，代わりとして紹介されたのがコラム１でも述べた岡島先生でした。石橋先生は「君のことは，岡島先生によく頼んでおいた。立派な先生だ。しっかり習え。僕もまた教えてあげるよ」とおっしゃり，その後も関わりを続けました。

そんな長岡先生が石橋先生と強く関わりを持ったのは，敗戦後の出来事です。戦後まもなく，正規の教育課程から毛筆習字が消えてしまいました。そこで長岡先生は，石橋先生とも連携をして運動を開始。書道，習字教育のために近畿書道教育協会をつくり，その復活のために尽力します。そして，最初の検定教科書として「国語書方，小学校１年～６年，全 12 巻」を執筆，当時，東京藝術大学におられた石橋先生が監修を務めました。

長岡先生が書を残された兵庫教育大学附属小学校の教育目標は今でも学校の校長室に飾られています（139 頁参照）。石橋先生と親交を続け，退職されて東京に移られてからは書の講師もなされました。

引用・参考　長岡文雄（1996）『私の歩む道』伸光印刷（私家版）
（初版は『考える子ども』（社会科の初志をつらぬく会機関紙）に掲載された「私の歩んだ道」（1990 年～ 1992）より）

第十章　自分で考える社会科をつくる

社会科を学ぶ意味を自分の言葉で表してみよう

本章では、長岡文雄が子どもたちと共に四十年以上にわたって情熱を注いだ社会科の学びについて考えたいと思います。

皆さんにとって、社会科とはどんな教科でしょうか。

そして、社会科を学ぶ意味はどこにあるのでしょうか。

社会科に関する様々な学習方法を考える前に、「社会科を学ぶ意味は」とご自身に問いかけてみてください。学習指導要領の言葉を引っ張ってくるのではなく、ご自身の言葉で、社会科を学ぶ意味を自分なりの言葉で考えてみましょう。さらに、まわりにいる方に、「社会科をなぜ学ぶと思う」と聞いてみても良いでしょう。大切なことは、社会科を学ぶ意味について自分なりの答えを持つことだと考えています。

私が社会科のあり方について深く考えるきっかけとなったのは、二〇二〇年以降の新型コロナウイルスの流行拡大です。コロナ禍によって、社会は大きな制約を受けることになりました。学校教育も例外ではなく、今まで当たり前のようにできていたことができなくなりました。そして、オンライン学習や一人一台の端末機器の導入といったＧＩＧＡスクール構想の登場も、授業のあり方を深く問うことにつながりました。文部科学省は、「個別最適な学び」と「協働的な学び」の一体化の充実を主張するようになりました。(1) これからも情報端末機器の更なる導入によって、授業は大きく変わっていくでしょう。

私は、本書を書くにあたり、長岡文雄の本を様々な場所で集めました。長岡の書籍は、ほとんどが三十年以上も前のものです。私が書いたこの本を三十年、四十年後に読者の方が手に取った時、読者はどんなことを思うかを考えてみました。

つまり、いつの時代になっても変わらない社会科の「不易」の部分はどこだろうと考えたのです。今考えられている一人一台の情報端末機器を使った授業の方法も、何十年もすれば一般的なものになっているでしょう。それぞれの家庭で学ぶような時代にもなっているかもしれません。その中で、「社会科を学ぶ意味はどこにあるのか」と、自分なりの考えを持つことは、とても大切なことだと考えました。

まちを育てる教科、社会科

その上で、私は、これからの社会科とは、「まちを育てる教科にしたい」と考えました。詳しくは、拙著（『社会科でまちを育てる』東洋館出版社）を読んでいただければと思いますが、自分たちのまちやそこで住む人々のことを考え、自分たちができることを考え、行動することが社会科の醍醐味だと考えています。社会科でまちを育てたいと思ったきっかけはたくさんありますが、その一つ、田村明が残した『まちづくりの発想』（岩波書店）との出会いは私に大きな影響を与えました。ここには、長野県の飯田市のりんご並木のお話が載っています。飯田市の中学生がまちにりんご並木をつくりたいと考え、学校のみならず市政を動かしていきます。様々な課題を乗り越えながら、飯田市の一つのシンボルにまで育てていくお話です。市民主体のまちづくりのお手本として紹介されていますが、私は、これこそが総合学習や社会科の醍醐味ではないかと思います。(2)

知識を暗記することだけが社会科ではありません。大切なことは、歴史から未来のまちを考えること、地理から自分のまちと日本や世界のまちを比較して、他のまちのよいところを応用すること、そして公民を通して、実際のまちをよりよくする方法を考えることだと考えています。そのために、個別に学ぶこともあるでしょうし、共同で学び合うことも必要です。

そのため、社会科は、小さなまちづくりの場であり、シビックプライド（Civic Pride）を育てる場ではないかと考えています。シビックプライドは、直訳すれば、市民の誇りとなります。しかし、伊藤香織によれば、「日本語の郷土愛とは少々ニュアンスが異なり、自分はこの都市を構成する一員でここをより良い場所にするために関わっているという意識を伴う。つまり、ある種の当事者意識に基づく自負心と言える」と述べています。(3) そうした、シビックプライドを育てる場が、社会科にはあると私は考えています。

考える社会科

長岡文雄は、社会科を学ぶとは、「自らの考えを深め、生き方に迫ることができる」ことだと考えました。その上で長岡は、「考える社会科」を目指すべきであると説きます。(4)

社会科は「考える社会科」をめざす。単なる社会的な物知りをめざすものではない。生きて働く知識を子どもたちのものとしていくことを望む。子どもたち自身が問題を持ち、探究してこれを解決して生きる過程のなかでこそ、自分の考えをもって生きる子どもは育ち、質のよい知識も身につくのである。

とし、その上で、長岡は、「考える社会科」のよさを六つにまとめ示しています。今、それらの要点を要約して示せば、次のようになります。(5)

(1)　体当たりの学習

外から課題を出されて何となく動いたり、安易に本を読んだり、話を聞いたりするだけでは、学習の深まりは見られない。苦労しないで事実をきわめようとすることのもろさに気付かせ、自分で、自分の手や足、眼や耳や鼻を使って追究する力を身につけさせなければならない。

(2)　身近な生活の事実から

身近な生活の事実は、普段から体験し見聞きしているので、慣れてしまって当たり前になってしまうものも多いが、その疑問や問題は、具体的で生活に響きやすいものであるだけに、子どもに主体的に責任を持って追究する姿勢を高めることができる。

(3)　総合的なとらえ方を

社会事象を身近なところから体当たりによって追究し、さらにそれを深めて広い全体との関係を考えていくと、社会の働きを自分とつなげて捉えることができ、自分の社会における生き方も確かなものになる。

(4)　みんなのことを案じる

自分たちの生活の様子や社会の動きを、具体的に、さらに総合的にとらえて、自分の生き方に結びつけていくと、人々の生活について案じることが増え、それを自分の責任において解決したくなる。

(5)　自分の生き方を

考える社会科は、社会に生きる自分のあり方を追究させるものであり、考え深い生き方が個性的につくり出されていかなければならない。社会科の学習内容の知識は、その子の人間としての生き方を決めさせる素材に過ぎず、学習した知識がその子の人間としての生き方にどういう意味があったかを問題にしなければならない。

(6)　どの子も生かす

社会科は、世上でいわゆる「勉強のできない子」といわれたりする子に、活力を与えることにおいて魅力がある。社会科は、生きた社会に正対して学習するものであるから、それぞれの子どもなりの追究がなまなましく展開でき、学習の質を変えるものである。

このように長岡は社会科を学ぶ意味として、六つのよさをあげていますが、これらを個別最適な学びと協働的な学びのそれぞれの学びではどのような位置にあるかを考えてみました。図にすると次ページのようになります。

体いっぱいに自分が学びたいことを熱心に学びながら調べる「体当たりの学習」は、まさに個別最適な学びと言えるでしょう。そして、「身近な生活の事実から」「総合的なとらえ方を」では、個別的な学びに加え、協働的な学びの中でも大いに培えます。

そして、「みんなのことを案じる」には協働的に話し合いながら考えを深めていくことに適しています。そして、「自分の生き方を」は話し合いの中から考え、自分にもっとも良い考えを一人ひとりが培っていきます。

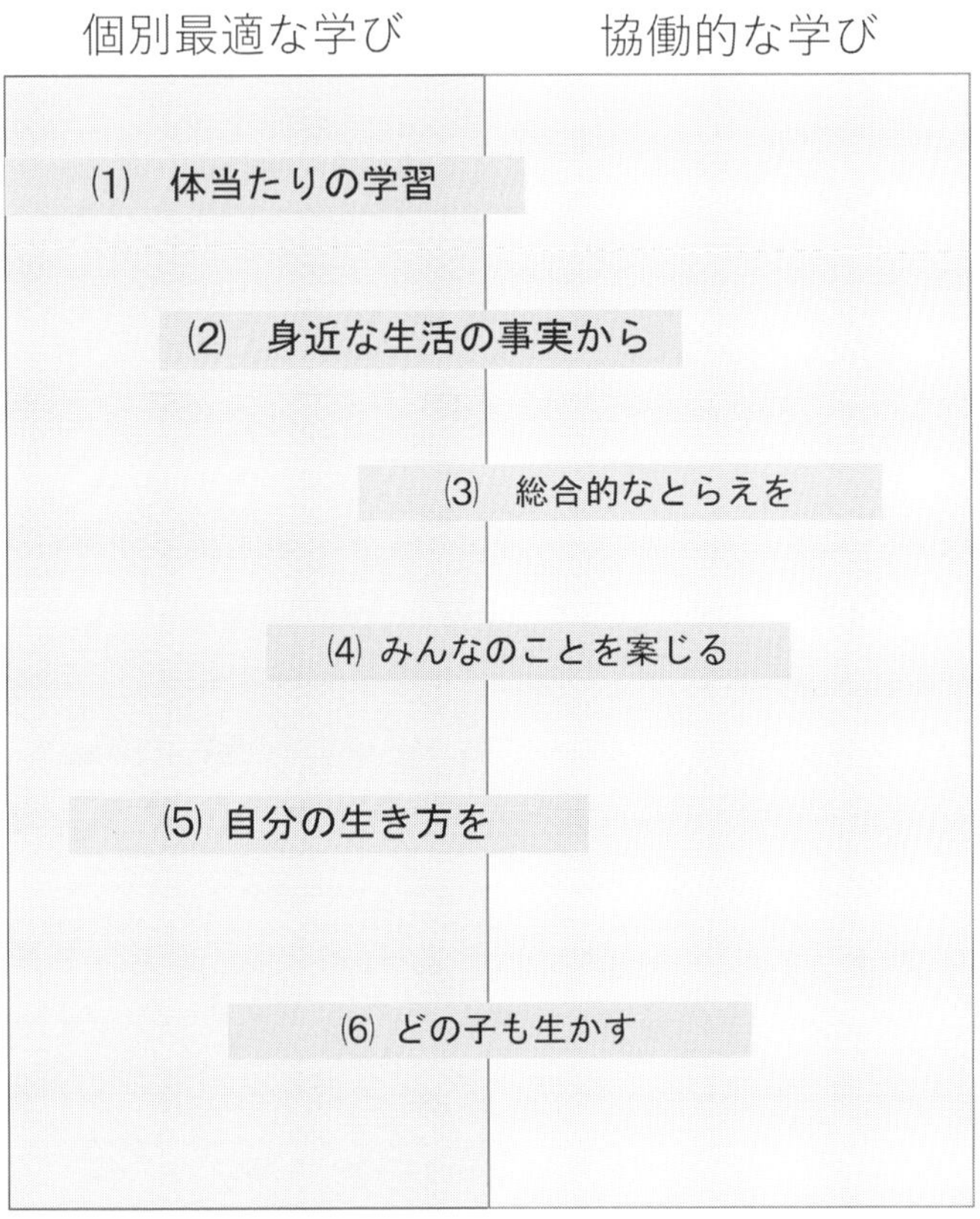

図 1-1　個別最適な学び，協働的な学びから見る長岡の「考える社会科」（著者作成）

その意味で、「どの子も生かす」とは、個別最適な学びでもあり協働的な学びでもあります。そして、どの子どもたちも、自分自身に合う学び方を身につける視点が必要であると言えるでしょう。

この中で、私自身がハッとしたところがあります。

それは、「自分の生き方を考え、みんなのことを案じる」という点です。

長岡は著書の中で子どもたちの生き方や社会を案じることを書いた日記を数多く紹介しています。自分の生き方を見つめ、社会に対して自分ができることはないかと考える教科はやはり社会科だと言えるのではないでしょうか。私も子どもの様子から少し考えてみたいと思います。次の文は、私が五年生の担任をしていた時の児童のものです。自動車工業の学習を終えての振り返りをAさんは次のように書きました。

　自動車をつくっている人は乗ってくれる人のことを第一に考えて、色々な工夫をほどこした車がたくさんあるからいいなあと思いました。でも、自動車があることでよくないこともまだまだあるので、これから将来のために考えていきたいと思いました。

長岡の「考える社会科」に照らして考えてみると、Aさんの「でも、……」から始まる文が、まさに「考える社会科」だと言えます。「よくないこともまだまだある」と、社会の問題に対して案じ、「将来のために考えていきたい」と自分の生き方としてとらえているところも良い姿です。

知識だけを覚えるのであれば、「社会的なものしり」を生み出しているだけになってしまい、社会科を学ぶ意味はあまりありません。学校で学ぶ意味すらなくなっていくでしょう。さらには、端末で情報を検索して出てくるような内容であればなおさらです。

そのため、長岡が示した六つのよさをもとに、なぜ社会科を学ぶ必要があるかを自分なりに考えることが必要です。私は、この六つのよさの中で、

(4) みんなのことを案じる

(6) どの子も生かす

を特に大切にしたいと考えています。もちろん、他のよさも大切ですが、みんなのことを案じることができる教科はなかなか他にはありません。もちろん、道徳にはそうした面がありますが、より具体的に地域社会の視点から考えていく教科は他にはないでしょう。そうした点で、社会科を学ぶことは、子どもたちにとって意味があります。

また、自分の生活経験を生かした追究が出来るのも社会科の特徴です。

以前、五年生で京都市の環境保全について学習をしたことがありました。京都市は、景観を維持するために、看板の設置に規制を与え、建物の高さも制限をしています。授業では、そうした京都市の景観条例の是非について話し合ったことがありました。

その時、ある子は、自分が参加した祇園祭の様子を紹介しながら、その必要性について発言したことがありました。この発言を聞いて、まさに、自分にしか語ることができないよさが社会科にはあり、そうしたそれぞれの自分らしい学びを交流できる楽しさが、社会科には存在すると考えました。長岡は、こうした「この子しか」できないような学びから生まれる発言や追究を踏まえ、社会科教育の楽しみとして、次のようにまとめています。(6)

社会科は、このような人間の生きる心づかい、よい仕事をしようとねがい、その実現に真けんになっている厳粛さにふれていくものであり、自らもまた厳粛な流れの中に生きようとするものである。

教師は、子どものはち切れるような元気のよい学習にふれると、日曜日も、あすの学校が待ち遠しくなり、社会科からはなれられなくなる。

まだまだ私には力が足りませんが、こうした明日が待ち遠しくなるような社会科の授業をつくりたいと思っています。そして、そうした社会科づくりに皆さんと一緒に取り組みたいものです。

引用・参考資料

(1) 文部科学省（二〇二一）「学習指導要領の趣旨の実現に向けた個別最適な学びと協働的な学びの一体

的な充実に関する参考資料」https://www.mext.go.jp/a_menu/shotou/new-cs/senseiouen/mext_01317.html

（2）田村明（一九八七）『まちづくりの発想』岩波書店。

（3）伊藤香織他監修（二〇〇八）『シビックプライド―都市のコミュニケーションをデザインする』シビックプライド研究会編、宣伝会議、一六四頁。

（4）長岡文雄（一九八三）『若い社会科の先生に』黎明書房、一六～一七頁。

（5）長岡文雄（一九八三）『若い社会科の先生に』黎明書房、一六～一六頁。

（6）長岡文雄（一九八三）『若い社会科の先生に』黎明書房、一三頁。

奈良女子大学附属小学校とアメリカ

1943年，長岡先生は，奈良女子大学附属小学校に移られます。石橋先生からの誘いを受け，東京へ行こうとしていた長岡先生ですが，徴兵検査のこともあり，上京を断念します。そこで誘いを受けたのが奈良女子大学附属小学校（当時は奈良女高等師範学校附属小）でした。東京の石橋先生に相談すると「東京にも近くなる。途中下車のつもりで奈良に出たら。奈良は古文化の都。筆墨の中心だから勉強になる」との言葉で決心が固まります。

時はまさに太平洋戦争でした。しかし，その中でも奈良女附小の伝統を学び，守っていきます。そして結婚された一ヶ月後に終戦を迎えます。敗戦は悔しいながらも，空襲のない世の中になったことを実感したそうです。「奈良の時代がまたやってきた」と職員一同が立ち上がり，戦前の自由教育を生かし，デューイの『学校と社会』も勉強し，校内研究を数多く重ねました。そして，第一次米国教育使節団が20名余りの教育学者や教育者を引き連れて奈良女高師附を見たいとやってきます。戦前の奈良女の教育は日本の新教育のメッカとしてアメリカにも知られ，キルパトリックと第2代の木下竹次主事は親交があったと長岡先生は述べています。

そこで，第3代主事の武田一郎先生と相談して「分かりやすい授業を見せよう」ということで，日本語のいらない授業として習字を見せたところ，ちょっとしたハプニングになります。使節団が子どもに「これは何と読むの」と聞くと「読めない」と答え,大変なことに。武田主事が「これはアートだ，アート」と説明します。長岡先生は「文字」よりも「芸術としてのアート」を見せようとしました。長岡先生はその後も，新教育講習のために，同志社大学や滋賀県庁など様々な場所に実演授業に行くことを要請されます。その様子は『合科教育の開拓』（黎明書房）でも述べられています。そして，長岡先生は同僚の先生と共に，いわゆる「奈良プラン」の作成に入ります。

敗戦後の日本の新しい教育は，アメリカからのただの請負ではなく，戦前からの自由教育やそれを受け継いできた長岡先生をはじめとする奈良女附小の功績も大きかったと知ることができます。

引用・参考　長岡文雄（1996）『私の歩む道』伸光印刷（私家版）
（初版は『考える子ども』（社会科の初志をつらぬく会機関紙）に掲載された「私の歩んだ道」（1990年～1992）より）

第十一章　子どもから学ぶ研修を

教師の研修として必要なこと

教師として、どのように力をつけていくかは若い先生にとっては気になることでしょう。「研修」という言葉があります。この言葉を二つに分けると、

・研究
・修養

と考えることができます。

「研究」とは、調べたり、深く考えたりして、事実を明らかにすることです。そして、「修養」とは、「知識を高め、品性を磨き、自己の人格形成につとめること」（大辞泉）です。教師として、子どもたちにとってより良い授業づくりを目指すための研究はもちろんのこと、子どもたちに信頼してもらえるような品性や人格形成につとめることも大切です。

長岡が「教師の研修」として挙げているものを参考に考えてみましょう。

思いがけない発言を大切にする

長岡は、「現実の切実な問題」を大切にすることをまず説きます。「研究というものは、足もとから、切実に自分が問題をもつことから始まる」(1)と述べ、子どもたちの全く思いがけない発言を例に挙げています。

私自身も経験があるのですが、子どもたちは教師がまったく予想もしていなかったことを発言することがあります。ふざけて言っているわけではなく、本気で思っていることも多くあります。

そうした発言によって、私自身も立ち往生することもありました。しかし、長岡は、この立往生をチャンスとしてとらえ、教育の根本を追究するものだとしています。

「なぜ、この子はこんなことを言ったのだろう」

「この子の意図は何だろう」

と考え、

授業風景（時期不明，長岡二朗氏提供）

「この子の問いを授業に生かせないか」

と前向きに受け止めることが欠かせません。

とくに、思いがけない発言をした子が、

「なるほど、そうか」

と「分かる」ための道筋を考え、さらに、その子のひっかかりをクラス全体の問題につなげていくことで、言葉に出せなかった子もまた理解が深まります。

しかしながら、この境地に立つには時間が少しかかります。

若い先生は、そうした発言が来た時、「チャンス」だと思い、深呼吸をしてみましょう。

そして、

「どうして、そう思ったの」

と聞くとよいでしょう。そうすると、思いがけない発言をした子から授業を深めるための思わぬヒントをもらうことができるかもしれません。

助言を大切にする

長岡は、「自分の解決を迫られる切実な問題を、その場限りの即時的処理に終わらせず、もっと教育の根本にかかわる解決としていくとき研究は深まり、実践にも筋が通ってくる」と述べています。(2)

私自身の反省として、切実な問題が起きた時、すぐその場で何とかしようとしてしまうことがあります。しかし、「その子はなぜ、そのように考えたのだろうか」と少し立ち止まって考えてみるだけでも学びは深まります。

長岡は、そのために、

・よき指導者を得ること
・よき研究仲間を持つこと
・よき参考書を得ること

が大切だとしています。(3) 多くの書籍も同じようなことを述べていますが、私が長岡を尊敬するのは、「そして、何でも教師に言ってくれる子どもたちを持つことである」と述べているところです。(4) この部分は他の書籍にはなかなかありません。その上で、私は、「何でも言ってくれる」という部分が特に素晴らしいと考えます。

子どもたちを抑え込むわけでもなく、逆に好きにさせておくわけでもありません。教師と共に歩み、「先生、もっとこうしたらいいと思う」と教えてくれる子どもたちを持つことは財産になります。まさに子どもたちからの言葉も「助言」だと言えるでしょう。子どもから学ぶことを大切にしたいものです。

子どもから学ぶために

長岡は、子どもたちから学び、授業を磨くために、録音をして何度も聞くことを勧めます。何度も聞くことで、「子どものつぶやきにハッとする効果」は大きく、「ＶＴＲなどによって子どもの表情をよくとらえたりしておけば、学習する子どもをもっと具体的にとらえることが可能になる」(5)としています。現在では、ｉＰａｄなどで録画、録音が容易にできる時代になりました。子どもたちの声だけではなく、動きも鮮明に知ることができ、長岡が現職の頃に比べ、随分と進化しています。また、授業時間すべてを録画するだけではなく、子どもたちの様子を写真で撮り、自分自身の振り返りに使うこともできます。

こんなにＩＣＴ機器が発達した現代においても、やはり子どもたちから学ぶ効果的な方法は、ノートや日記で子どもたちの思いを知ることだと言えるでしょう。長岡は、「ノートや日記でさぐる」とし、「社会科のノートや日記に、子どもの思考の内面があらわれる」と述べています。その上で、「教師仲間で、子どもの日記やノートを素材にして研究会をして、子どもをとらえる研究を深めたい」とする長岡の考えは有効な手段だと言えます。(6)

私も、子どもたちの日記やノートから「なるほど、そう考えるのか」と思うことがあります。ノートに毎回毎回コメントを書くのも時間がかかるので、時には丸だけの時もありますが、授業の終わりに少し眺めるだけでも子どものとらえは変わっていきます。

このように長岡は、「専門職としての力量は、子どもをつかむ力を第一とする。子どもの作文ひとつにも、その子どもの学習力をつかみ、その子どもの成長の芽をとらえる」(7)としています。子どもたちから学ぶという姿勢を私自身も大切にしたいと考えています。

学んだことをさらに生かすために

「これをすると上手くいく」というハウツーの教育書が多くあります。これは、
・教師がじっくりと学びを深めていく時間が足りない（ない）。
・すぐ結果を出さなくてはいけない。
・そうした本しかある程度の部数が売れない。
といった事情があるかと考えます。

とくに私たち教師は、成功体験にすがります。良い教育方法があると、それを使いたい気持ちになります。しかし、子どもが変われば、状況も変わります。教育方法を子どもたちにあてはめるのではなく、子どもたちに応じて、様々な教育方法を用いることが必要です。

そのためには、様々な書籍や見学、同僚や先輩からのアドバイスに耳を傾け、柔軟に学んでいくことが大切です。それが子どもたちにもつながり、子どもたちからもアドバイスをもらうことができます。長岡も、まず現実の子どもを見つめた上で、学習指導要領や指導書を熟読して、自分の授

業のあり方をよく吟味し、指導に工夫を加えていくことが中心となると言っています。そして、「子どもの反応をさぐって問題点をつかみ、さらに有効な指導の手だてを考えていくとき、授業研究会や参考図書が重要な役わりをもってくる」(8)としています。

私は子どもたちのノートや日記、写真をよく学級通信を発行することを通して振り返りに生かしています。数枚の写真と数人のコメントを載せるだけのシンプルな通信ですが、できるだけ毎日出していますす。時間をかけず、しかし、コツコツと取り組むことを大切にし、一年の最後に、一冊に製本していますす。こうした実践の記録を何らかの形で残しておくのもよい方法だと言えるでしょう。

読者の皆さんの一番良い方法で子どもから学ぶ研修のあり方をぜひ考えてほしいと思います。

引用・参考資料

(1) 長岡文雄(一九八三)『若い社会科の先生に』黎明書房、一七七頁。
(2) 長岡文雄(一九八三)『若い社会科の先生に』黎明書房、一七七頁。
(3) 長岡文雄(一九八三)『若い社会科の先生に』黎明書房、一七七頁。
(4) 長岡文雄(一九八三)『若い社会科の先生に』黎明書房、一七七〜一七八頁。
(5) 長岡文雄(一九八三)『若い社会科の先生に』黎明書房、一七九頁。
(6) 長岡文雄(一九八三)『若い社会科の先生に』黎明書房、一八〇〜一八一頁。
(7) 長岡文雄(一九八三)『若い社会科の先生に』黎明書房、一八一頁。
(8) 長岡文雄(一九八三)『若い社会科の先生に』黎明書房、一八三頁。

長岡実践と研究者，実践者の先生たち

戦後，長岡文雄先生は，奈良女子大学附属小学校の教員として多くの実践を残していきます。そして，そこには，長岡先生が共に学んだ子どもたちと研究者，実践者の先生たちがいました。

戦後，奈良プランをつくるきっかけにもなったと言えるのが，第４代主事の重松鷹泰先生です。第３代主事の武田先生を文部省にお送りすることになった時，後任として迎えたのが文部省で社会科をつくった重松先生でした。当時はまだ39歳で若く，まさに体当たりで活動されていたと長岡先生は振り返っています。重松先生を中心に生活カリキュラムとして奈良プランが生まれ，長岡先生は実践を深めていきます。

そして，長岡先生は上田薫先生に出会います。重松先生が奈良に着任された時に，最初に応援に駆けつけたのが上田先生であったと述べています。上田薫先生は，社会科の初志をつらぬく会の中心的存在でもあり，まさに精神的（理論的）支柱とも呼べる先生であります。ここでの上田先生との出会いによって，戦後多くの実践を残した静岡市立安東小学校の中心的存在だった池田満先生とも出会うことになり，その後の社会科の初志をつらぬく会の活動にもつながっていきます。

長岡先生の実践はNHKで放送されたこともあり，全国の先生に影響を与えていきます。その後，長岡先生の元には，有田和正先生をはじめとした実践者の先生のみならず，多くの先生が参観にやってきます。そして，その中で，『寄合』の授業は，多くの研究者によって分析されることになります。この授業の記録は，『子どもをとらえる構え』（黎明書房）にも掲載されているので，ぜひ機会があるときに読まれると良いでしょう。また，長岡先生についての論文の多くは読むことができます。長岡先生のライフヒストリーに丁寧に当たっている文献もあるので参考にされると良いでしょう。

引用・参考
長岡文雄（1996）『私の歩む道』伸光印刷（私家版）
（初版は『考える子ども』（社会科の初志をつらぬく会機関紙）に掲載された「私の歩んだ道」（1990年～1992）より）
なお、長岡文雄先生の実践史については、「長岡文雄氏の社会科教育実践史研究：問題解決学習の理論構築過程の解明」藤澤國治（社会系教科教育学研究，1998）を参考にするとよい。

第十二章　長岡文雄をもっと学びたい人へ

入手困難必至の長岡書籍

長岡文雄の実践や考え方を紹介すると、もっと長岡の書籍に触れたいと願う方は多いと思います。

しかしながら、長岡の書籍は絶版になっており、入手は困難な状況です。メルカリなどのフリーマーケットでも高値にも関わらず、すぐ購入されてしまうことがほとんどです。ぜひ黎明書房には、電子書籍での再刊を願っておりますが、難しい状況であることは否めません。

そのため、長岡の書籍を読むには、

・大学図書館の利用

・国立国会図書館の利用

をお勧めします。

国立国会図書館であれば、関西館もあり、どの本があるかを検索し、その場で読むこともできます。また必要なページは国立国会図書館のホームページから印刷を注文することも可能です。大学図書館で本を読みたい場合、国立情報研究所のCinii（サイニー）を使用することで、どの大学図書館に本があるかが分かります。大学にはそれぞれ問い合わせが必要になりますが、Cinii（サイニー）を使用することで、長岡文雄研究のいくつかの論文も読むことができます。一度利用してもよいでしょう。

長岡文雄の何を読むか

有田和正は、「長岡実践のバックボーンは、『人間性の追究』であり、『子どもの可能性の追究』であるといえる」とし、長岡文雄『考えあう授業』（一九七三）を次のように紹介しています。(1)

「生き方を究める」とか「人間性の追究」というと、とかく抽象的になるが、長岡の『考え合う授業』を中心とする著書では、あくなき具体を求め、豊富な実践例で具体的に述べられている。「授業は、授業に臨む具体的な子どもと教師の成長のために計画されてこそ熱気を呼び爆発を生んでいく。考え合う授業はそこに成立する。そして、人間らしく生きることを学ばせていくのである」という主張は、授業の新しいあり方を示したものとして注目された。

この上で、有田は、長岡の実践として有名な「近鉄地下乗り入れ工事」（三年）の授業を紹介しています。この授業は、奈良女子大学附属小学校の近くにある近鉄奈良駅の地下化にともなう近鉄線地下乗り入れ工事が始まったことがきっかけとなって生まれました。有田はこの実践について次のように述べています。(2)

授業の布石をどのようにしていくべきか、意識の高め方はどうすべきか、そして、切り込みのポイントは何かということを具体的に述べている。
授業を進めていくうち、いよいよあす地下鉄の営業開始という前日、「あすの開通によって、どんなものがどうつながって変わるか」という予想をしている。
これは、未来にかかわることだから、子どもはもちろん、教師も予想するほかに手はない。いわば、教師と子どもが同一の基盤に立つもので、長岡実践の特徴の一つが出ているといえる。

とし、「教師が常に一歩先にいたり、そういう内容をもっていなくては授業ができないという人に、特に参考になる内容である」としています。

どうしても一歩先にいないと不安になってしまう若い先生にぜひ手に取ってほしい一冊ですが、先ほど述べたように入手は困難です。なお、「近鉄地下乗り入れ工事」（三年）の実践については私も研究を続けていきたいと考えています。

有田は他にも長岡社会三部作として、『子どもをとらえる構え』（黎明書房、一九七五）、『子どもの力を育てる筋道』（黎明書房、一九七七）を紹介しています。

また、佛教大学に行けば、長岡が編著した『社会科概論』『社会科教育』（一九九二）、単著でまとめた『生活科概論』『生活科教育』（一九九二）に出会うことができます。『授業をみがく―腰の強い授業を―』（黎明書房、一九九〇）は、他書に比べたら入手しやすいかもしれません。ちなみに、私のおすすめは、『若い社会の先生に』（黎明書房、一九八〇）と、『〈この子〉の拓く学習法』（黎明書房、一九八三）です。特に、丁寧に子どもを見ていく『〈この子〉の拓く学習法』は、これからの教育実践を考える中で極めて価値の高い一冊です。多くの人に読んでもらうことを願います。

社会科の初志をつらぬく会

「社会科の初志をつらぬく会（個を育てる教師のつどい）」は、長岡文雄も関わり、今でも実践や研究を進めている団体です。昭和三三年（一九五八年）に発足した民間教育研究団体であり、学校の教員、大学等の研究者を中心として、全国に多くの会員・誌友がいらっしゃいます。毎年一回、八月初旬に全国集会を行い、各地区でも研究集会を開いています。また、会誌「考える子ども」は、学術雑誌指定であり、年七回発行されていますが、市販はしていません。会のホームページには次のように書かれています。(3)

わたくしたちの会は、日本の教育政策が系統主義の知識教育、徳目主義の道徳教育に大きく転換したことを批判し、1958年（昭和33年）に発足しました。それは、そのような教育では、その子にふさわしく個を確立していくことが阻害されると考えたからです。

1947年（昭和22年）に新設された社会科の初志は、新しい民主的な社会を主体的に創造する人間は子どもの切実な問題解決を核心とする学習によってこそ育つという考えにもとづいています。

今日、社会は激動し困難な課題に満ちています。そのような社会にあって、社会のよりよき変化を求めて創造的に生きる力を育てようとすれば、子どもの切実な関心と強靭な意思にもとづく主体的な問題解決学習の重要性がますます大きな意義をもつに違いないと確信し、次のことをめざします。

・わたくしたちの会は、問題解決学習を進めていくことによってこそ、子どもたちはものごとの本質をねばり強く個性的に追究し、新しい社会を創造できるように育つと考えます。
・わたくしたちの会は、つめこみ・教えこみの指導を排します。社会科だけではなく、すべての学習・生活指導で、子どもが中心となって進める教育の創造をめざします。
・わたくしたちの会は、一人ひとりの子どもを人間として大切にして、広い視野から主体的に考え、行動できる子どもにしようと努めます。
・わたくしたちの会は、社会科をはじめとして、さまざまな教科に関わる教師と、学び高めあう人間関係を築きながら、教育実践にもとづく主体的で地道な研究に邁進します。

教育関係者のみならず、教育に関心のある方なら、どなたでも入会できます。私自身、入会しようと思いつつ、なかなかその機会がうまくつきませんでした。しかし、本書を書き終え、さらに学んでいこうと二〇二二年に入会した次第です。遅まきの入会者として、「考える子ども」に執筆をしました。この研究会では、若い頃に長岡の実践を生で見た方もいると思います。そうした大先輩からたくさんのことを学びたいと思っています。

ぜひ若い先生も入会し、これからの新しい社会科をつくっていきましょう。

引用・参考資料

（1）有田和正（一九九四）「考え合う授業」『名著118選でわかる社会科47年史』社会科教育九月号、明治図書、一五二〜一五三頁。
（2）有田和正（一九九四）「考え合う授業」『名著118選でわかる社会科47年史』社会科教育九月号、明治図書、一五二〜一五三頁。
（3）社会科の初志をつらぬく会　ホームページ　https://jsaoiss.net/wordpress/

終章　社会科の灯を消さないために

五円玉に込められた思い

五年生の授業びらきの一つに「五円玉の授業」の実践があります。五円玉を見ると、工業や農業などに関わるものが表記されていて、調べていくと、五年生の学習内容（産業についての学習）を知ることができるというもので、多くの方が実践しておられます。

この実践をする時、表の内容について触れながら、子どもたちには、必ず五円玉の裏を見るように促します。

「五円玉の裏には、双葉があることに気づいている人は多いと思います。これは何を表していますか」

子どもたちは、何か意味があるのではないかと考えます。

図 3-1　五円玉（イラスト）

造幣局のホームページには、次のように書かれています。

5円のデザインは、当時の日本の主な産業（稲穂が農業、水が水産業、歯車が工業）を表しています。裏面の双葉は、戦争（第2次世界大戦）が終わって新しく民主国家になった日本を象徴しているといわれています。(1)

つまり、五円玉の双葉には、新しい民主主義の国をつくっていこうとする思いが込められています。同じように、社会科は、新しい民主主義の国をつくっていこうとする思いで作られた新しい教科でした。

長岡は、戦後、一九四七年（昭和二十二年）にできた学習指導要領について次のように述べています。

この学習指導要領は、学校においての教師の自律的な教育活動を促すために教育課程の基準と参考になる資料を提供するにとどめるものであった。学校では、これを基準として、児童の興味関心、能力、地域の特性、学校の実情などに即して具体的に教育課程を構成し、展開していくべきものとされた。「試案」と呼ばれるゆえんである。

この学習指導要領の特色の第一が、実に、社会科の誕生であった。

新しい教育の目標は、ひたすら平和をねがい、新しい民主主義の日本国をつくるにあったが、社会科は、まさにその中心的役割を担うものであった。(2)

「試案」という特性から、様々な学校や地域で独自にカリキュラムが生まれ、コア・カリキュラムの取り組みが広がりました。コア・カリキュラムとは、「現実生活の問題解決を学ぶ『中心課程』と、そのために必要とされる知識・技能を学ぶ『周辺課程』から構成されたカリキュラム」(3)のことです。川口プランや福沢プランなど、様々なカリキュラムが作られ、特に奈良プランは、奈良女子大学附属小学校による合科カリキュラムの伝統から生まれ、現在でも実践されています。

学習指導要領（試案）の社会科編を少し見てみましょう。(4)私が大切だと考えたところは線を引いてみましたので参考にしてください。

学習指導要領　社会科編（試　案）
昭和二十二年度　文　部　省

第一章　序　論

第一節　社会科とは

今度新しく設けられた社会科の任務は、青少年に社会生活を理解させ、その進展に力を致す態度や能力を養成することである。そして、そのために青少年の社会的経験を、今までよりも、もっと豊かにもっと深いものに発展させて行こうとすることがたいせつなのである。

（中略）

社会生活を理解するには、相互依存の関係を理解することがたいせつであり、そして、その相互依存の関係を理解するには、人間性の理解がこれにともなわなければならない。社会生活の根本に、人間らしい生活を求めている、万人の願いがひそんでいることを忘れて、ただ社会に現われているさまざまのことばかり理解しても、それは真に社会生活を理解しているとはいえない。従来のわが国民の生活を考えて見ると、各個人の人間としての自覚、あるいは人間らしい生活を営もうとするのぞみが、国家とか家庭とかの外面的な要求に抑えつけられたために、とげられて来なかったきらいがあった。そのために、かえって国民としての生活にも、家庭の一員としての生活にも、さまざまな不自然なこと、不道徳なことが生じていたことは、おたがいに痛感したことである。青少年の人間らしい生活を営もうという気持を育ててやることは、基本的な人権の主張にめざめさすことであると同時に、社会生活の基礎をなしている、他人への理解と他人への愛情とを育てることでもある。事実、みずから自分の生活の独立を維持し、人間らしい生活を楽しむことを知っているものであるならば、そこにはじめて、他人の生活を尊重し、自他の生活の相互依存の関係を理解することができ、自分たちの社会生活を、よりよいものにしようとする熱意を持つことができるのである。社会科においては、このような人間性及びその上に立つ社会の相互依存の関係を理解させようとするのであるが、それは同時に、このような知識を自分から進んで求めてすっかり自分のものにして行くような物の考え方に慣れさせることでなければならない。従来のわが国の教育、特に修身や歴史、地理などの教授において見られた大きな欠点は、事実やまた事実と事実とのつながりなどを、正しくとらえようとする青少年自身の考え方あるいは考える力を尊重せず、他人の見解をそのままに受けとらせようとしたことである。これはいま、十分に反省されなくてはならない。もちろん、それは教育界だけのことではなく、わが国で社会一般に通じて行われていたことであって、そのわざわいの結果は、今回の戦争となって現われたといってもさしつかえないであろう。自主的科学的な考え方を育てて行くことは、社会科の中で行われるいろいろな活動にいつも工夫されていなければならない。

社会科においては、青少年が社会生活を営んで行くのに必要な、各種の能力や態度を育成する必要がある。それがどのようなものであるかは、「第二節社会科の目的」において示すが、それは将来の社会生活の準備として考えられた抽象的なものではなく、現在の青少年の社会生活を進展させるためのものであって、教師にとっても生徒にとっても、具体的なよくわかるものであり、青少年の社会的経験を発展させることによって、おのずから獲得され養成されるものなのである。それは、生徒たちの人間生活・社会生活に関する理解が進むにつれて、必然的に自分たちの社会生活を進展させようとする際に、必要になって来る態度や能力なのである。そして、それがそのまま将来の社会生活に必要な態度となり、能力となるのである。

以上述べたような知識・考え方・態度・能力は、もちろん青少年の性格の中に統一されていなくてはならない。その性格の基本をなすものは、いうまでもなく人間らしい生活を実現しようとする内的な要求であり、自己及び他人に対する誠実な心持であり、社会に対する正義の念である。われわれの目ざすのは、青少年らしい明かるい青少年である。社会科においては、青少年の社会的経験を、より豊かな、より有効なものに発展せしめようとするが、それは決してませた青少年を作ることではない。なぜならば、青少年は未来の社会人であるばかりでなく、現在すでに社会人であり、その日その日の生活それ自身が、もっと人間らしいものへという追求の生活であるからである。したがって社会科は、現在の青少年として、その青少年らしい人間生活、社会生活を営んで行けるようにするものである。

社会生活がいかなるものかを理解させ、これに参与し、その進展に貢献する能力態度を養うということは、そもそも教育全体の仕事であり、従来も修身・公民・地理・歴史・実業等の科目は、直接この仕事にたずさわって来たのである。けれども、それらの科目は、青少年の社会的経験そのものを発展させることに重点をおかないで、ともすれば倫理学・法律学・経済学・地理学・歴史学等の知識を青少年にのみこませることにきゅうきゅうとしてしまったのである。したがってこれらの科目によって、生徒は社会生活に関する各種の知識を得たけれども、それがひとつに統一されて、実際生活に働くことがなかったのである。いいかえれば、青少年の社会的経験の自然な発達を促進することができなかったのである。社会科はいわゆる学問の系統によらず、青少年の現実生活の問題を中心として、青少年の社会的経験を広め、また深めようとするものである。したがってそれは、従来の教科の寄せ集めや総合ではない。それゆえに、いままでの修身・公民・地理・歴史の教授のすがたは、もはや社会科の中には見られなくなるのである。しかも将来、倫理学・法律学・経済学・地理学・歴史学を学ぶ時の基礎となるような身についた知識や、考え方・能力・態度は、社会科においてよりよく発展せしめられるであろう。このような意味において、社会科は、学校・家庭その他の校外にまでも及ぶ、青少年に対する教育活動の中核として生まれて来た、新しい教科なのである。それは青少年の心意活動の特質と現実の生活の全一性とに即して現われて来た教科であり、青少年の生活に希望と生気とを与えるものである。

このように、社会科は、「青少年の生活に希望と生気とを与えるもの」として生まれた教科であり、「従来も修身・公民・地理・歴史・実業等の科目は、直接この仕事にたずさわって来たのである。けれども、それらの科目は、青少年の社会的経験そのものを発展させることに重点をおかないで、ともすれば倫理学・法律学・経済学・地理学・歴史学等の知識を青少年にのみこませることにきゅうきゅうとしてしまったのである。」と社会科が陥ってはいけない視点も書かれています。「知識をのみこませることにきゅうきゅうとしない」という指摘は、今の社会科が抱えている問題（暗記主義）にも大きくつながります。

学習指導要領（試案）を読むと、社会科の使命がより明確になります。また、この頃の社会科は、道徳や総合的な学習も含まれるような総合的な教科の意味合いがありました。

この頃の人たちの社会科への熱い思いは今でも大切にしたいものです。

政治や社会の状況で学習指導要領は変化する

試案だった学習指導要領は徐々に法的拘束力を持つようになるなど、政治や社会の状況で大きく変化していきました。表にすると次のようになります。(5)

改訂された年（初年）	主な内容・位置付け	改訂前後の社会情勢・政治的変化
1947（昭和22）	アメリカのCourse of studyを元に作成 試案・社会科の誕生	第二次世界大戦の敗北，GHQの指導 民主主義国家としての出発
1951（昭和26）	試案の継承，「自由研究」の時間が消え，教科以外の活動へ変更	1950年代に大手学習塾が相次いて誕生,進学や受験競争のはじまり
1958（昭和33）	試案の文字が消え，法的拘束力を帯び始める。道徳の時間の新設，系統的な学習の転換	基礎学力の充実，科学技術教育の振興（スプートニク＝ショック）
1968（昭和43）	教育内容の現代化，時代の進展に対応した教育内容の導入，能力主義	学歴主義，受験競争の激化，「つめこみ教育」批判へのつながり，全国一斉学力テストの廃止（1966）
1977（昭和52）	「人間性」「個性」「ゆとり」がキーワード，学習負担の適正化，学習内容の見直し，「ゆとり」の時間の新設，「日の丸」「君が代」教育の明確化	受験競争の激化，偏差値の浸透 校内暴力，いじめの激化，不登校問題 臨時教育審議会の発足，教育制度の抜本的見直し（1984）
1989（平成元）	「ゆとり」路線の継続，新しい学力観，観点別評価，絶対評価の導入，生活科の新設，道徳教育の充実	バブルの崩壊，大企業の倒産，学級崩壊・「キレる」子ども，学校週５日制の実施
1998（平成10）	基礎・基本の確実な定着，自ら学び，自ら考える「生きる力」の育成，教育内容の厳選，総合的な学習の時間の新設	社会の要請に応じて，平成15年（2003）に一部改定，学習指導要領に示していない内容を指導できることの明確化，習熟度別指導や補充・発展学習を追加
2008（平成20）	「生きる力」の育成，基礎的・基本的な知識・技能の習得，思考力・判断力・表現力，授業時数の増加，小学校外国語活動の導入	グローバル化や急速な情報化，少子高齢社会，知識基盤社会への対応，OECD生徒の学習到達度調査(PISA)を踏まえた検討
2017（平成29）	知識の理解の質を高め，資質・能力を育む主体的・対話的な深い学びの実現，カリキュラム・マネジメント	18歳選挙権，新型コロナウイルスの世界的感染（パンデミック）による社会の混乱（2020），GIGAスクール構想

表 12-1　学習指導要領の変遷（野崎，文部科学省他を元に著者作成）

学習指導要領を踏まえながら子どもの視点に立つ

先程の表のように、学習指導要領は、「試案」という位置付けだったのが、法的な効力（拘束力）を持つと言われるようになりました。

ただし、近年になって学習指導要領で定められた内容を超える発展的な学習も可能になってきており、とくに、二〇一六年に改訂告示された学習指導要領では、奈須正裕が「とりわけ、『まずは学習する子供の視点に立ち』という記述は注目に値します」(6)と述べているように、いかに教えるかといった視点から「何ができるようになるか」、そのために「何を学ぶか」「どのように学ぶか」(7)が大切な視点となりました。奈須が「はじめに在来の『教科ありき』ではなく、また『内容』の習得それ自体が教育の最終目標でないことを言明した点に、これまでにない新しさがあると言える」(8)と述べているように大きな転換がありました。

こうした「学習する子供の視点に立つ」授業をつくったのは、国や社会の問題点を指摘しながら子どもたちのために取り組んだ長岡をはじめとする先人でした。その先人たちの姿に学びながら、実践をしていきたいものです。

社会科の灯を消さないために

若い頃、ベテランの先生が
「社会科は斜陽の教科だから」
とつぶやいたのを聞いて驚いたことがあります。その先生は社会科の優れた実践者でした。だからこそ、その先生の言葉から社会科の危機を感じました。そして社会科をもっと盛り上げていく必要があると思いました。

そのつぶやきを聞いてから、およそ十年以上が経ちます。

SNSを通じて、様々な人たちが自由につながる時代になりました。有名な先生とすぐ連絡が取り合える時代になり、自分の実践を伝える方法も増えました。フェイスブックなどを見ると、社会科の実践を交流し合う若い先生もいらっしゃいます。

一方で、いわゆる陰謀論が出回り、ネットに書かれた事実と異なることを信じる人も増えました。誹謗中傷もネット上で多くあり、問題になっています。また、長岡文雄や有田和正といった実践家による優れた論争といったこともありません。書店が潰れ、教育関係雑誌が休刊、廃刊に追い込まれています。何よりも先生が本を読めない、読まない時代になったと感じています。

そして、いまだに社会科は暗記科目であるという風潮は強く、社会科の面白さや醍醐味、価値を伝えきれていないようにも感じています。社会科は教えにくい、わかりづらい教科だと言われることが多いことは否めません。

しかしながら、社会は目まぐるしく変化します。新型コロナウイルスによる社会の混乱など、様々なことが起こります。そのため、こうした状況の中で、流されず、自分の考えをしっかりと持つことがとても求められます。だからこそ、対話を基本とし、お互いに社会について話し合える社会はとても大切な教科だと言えるでしょう。そして、その面白さをもっと広げていく必要があります。

その上で、「試案」は社会科の本質を教えてくれるものと言え、社会科ができた頃の思いを持ち続ける必要があります。

社会科の灯を消さないために、長岡らが残してくれた思いを私たちが引き継ぐ必要があります。

引用・参考資料

（1）造幣局ホームページ　https://www.mint.go.jp/kids/know/know_01

（2）長岡文雄（一九八三）『若い社会科の先生に』黎明書房、一一七～一一八頁。

（3）熊田禎介（二〇一二）「コア・カリキュラム」『社会科教育辞典』日本社会科教育学会編、ぎょうせい、六二～六三頁。

（4）文部省（一九四七）『学習指導要領　社会科編（試案）』国立教育政策研究所教育研究情報データベース　https://erid.nier.go.jp/files/COFS/s22ejs1/chap1.htm

（5）野崎剛毅（二〇〇六）「学習指導要領の歴史と教育意識」國學院短期大学紀要、一五一～一七一頁。

田村学、野田敦敬（二〇二一）『学習指導要領の未来―生活科・総合そして探究がつくる令和の学校教育』学事出版。

文部科学省「これまでの学習指導要領の変遷」

https://www.mext.go.jp/a_menu/shotou/new-cs/idea/1304372.htm

文部科学省「新しい学習指導要領の考え方―中央教育審議会における議論から改訂そして実施へ―」

https://www.mext.go.jp/a_menu/shotou/new-cs/__icsFiles/afieldfile/2017/09/28/1396716_1.pdf

（6）奈須正裕（二〇一七）『資質能力と学びのメカニズム』東洋館出版、三〇頁。

（7）文部科学省「学習指導要領改訂の方向性（案）」

https://www.mext.go.jp/b_menu/shingi/chukyo/chukyo3/004/siryo/__icsFiles/afieldfile/2016/07/29/1374814_2.pdf

（8）奈須正裕（二〇一七）『資質能力と学びのメカニズム』東洋館出版、三一頁。

あとがき

本書のお話をいただいてから、着想や資料集めに時間がかかり、およそ十年近くの時間を要しました。途中で諦めかけていたこともありましたが、書き上げることができたのは、伊住継行先生と長岡先生のご子息の長岡二朗さんとの出会いが大きかったと思います。

伊住継行先生は、岡山県で小学校の教員をなされ、現在、環太平洋大学で教えていらっしゃいます。共通の知人を通じて、SNSで偶然知り合うことができました。そんな伊住先生から、私家版である長岡文雄先生の『私の歩む道』をお譲りいただく機会に恵まれました。この本には、長岡先生が今まで雑誌などで掲載したものが製本化され、文字通り、長岡先生が歩んできた道のりが掲載されているものでした。この本を通して、長岡先生のプロフィールや著作もほぼ全て把握することができ、さらには、長岡先生のご子息の長岡二朗さんのご厚意で貴重な写真も掲載することができました。伊住先生と長岡二朗さんに心より感謝申し上げます。

また、この約十年で、長岡先生の著作も手に入れることができました。さらには、自分自身の実践も進み、大学院での研究や『社会科でまちを育てる』（東洋館出版）の発刊にも恵まれました。そろそろ長岡先生への感謝やご縁に応えなければと思い、書き終えた次第です。そして、新型コロナウイルスの関係で、外に出ることも少なくなり、十分な時間を取ることができたことも大きかったと考えます。今後も長岡文雄実践の研究をライフワークとして続けていきます。

学校を取り巻く現状は厳しく、教員が足りていない現実があります。そうした中で、学校現場で健闘してくれる若い先生をはじめ、多くの方が社会科や生活科、総合的な学習の時間をはじめとする授業の楽しさ、醍醐味を知るきっかけになれば、これほど嬉しいことはありません。長岡先生のご著書は、図書館などでしか読む機会はないのが現状ですが、電子図書などで復刻することも期待しています。本書を通して、多くの読者の方に長岡先生の実践や考え方が少しでも広まっていけばこれほどうれしいことはありません。

最後に、生前の長岡先生と繋がりがあり、一緒に長岡実践の本づくりに関わってこられた武馬久仁裕社長と、編集部の伊賀並洋斗さんに心より感謝いたします。武馬さんと出会い、『若い社会科の先生に』をいただき、「先生の言葉で書いてみませんか」とお誘いがなければ、本書はできませんでした。また、兵庫教育大学の福田喜彦先生、聖隷クリストファー大学の鈴木光男先生、奈良女子大学附属小学校の服部真也先生をはじめ、多くの先生に励ましとご支援、ご助言を頂きました。心より感謝しています。

最後に、書斎に篭っていたことを許してくれた妻と二人の子どもたち、本当にありがとう。

二〇二三年一〇月

新型コロナウイルス感染拡大が落ち着き、一刻も早い社会の回復を祈りながら

長瀬拓也

引用・参考文献一覧

＊出典表示は各章末にあります。

・長岡文雄（一九七二）『考えあう授業』黎明書房。
・長岡文雄（一九八三）『ハンディー版　若い社会科の先生に』黎明書房。
・長岡文雄（一九八三）『〈この子〉の拓く学習法』黎明書房。
・長岡文雄（一九八六）『子どもをとらえる構え』　黎明書房。
・長岡文雄（一九九二）『社会科教育』佛教大学。
・長岡文雄（一九九〇）『授業をみがく―腰の強い授業を』黎明書房。
・長岡文雄（一九九六）『私の歩む道』伸光印刷。

・秋田喜代美（二〇一五）「教職という仕事の性格」『新しい時代の教職入門（改訂版）』有斐閣。
・有田和正「今、先生方に話したいこと」『そよかぜ通信 13年春号』教育出版）
・有田和正（一九八八）『授業がおもしろくなる授業のネタ　社会3』日本書籍。
・有田和正（一九九四）『「考える子ども」を育てる社会科の学習技能』明治図書。
・有田和正（一九九四）「考え合う授業」『名著118選でわかる社会科47年史』社会科教育9月号　明治図書、一五二～一五三頁。
・伊藤香織他監修（二〇〇八）『シビックプライド―都市のコミュニケーションをデザインする』シビック

プライド研究会編、宣伝会議。
・水戸貴志代他（一九八九）『地域の教材はなぜ効果的か』社会科の初志をつらぬく会（個を育てる教師のつどい）編、黎明書房。
・小幡肇（二〇〇三）『やれば出来る！　子どもによる授業』明治図書。
・奥村好美（二〇一一）「有田和正の授業観の転換についての一考察：切実性論争に着目して」『教育方法の探究』
・岡本美穂（二〇一六）『子どもの力を引き出す　板書・ノート指導の基本とアイデア』ナツメ社。
・北俊夫（二〇〇四）『社会科・学習問題づくりのアイデア』明治図書。
・熊田禎介（二〇一二）「コア・カリキュラム」『社会科教育辞典』日本社会科教育学会編、ぎょうせい。
・齋藤孝（一九九七）『教師＝身体という技術　構え・感知力・技化』世織書房。
・齋藤孝（二〇〇七）『教育力』岩波書店。
・佐藤正寿監修（二〇一二）『社会科教材の追究』東洋館出版。
・佐藤正寿（二〇一三）『新版　学力のつくノート指導のコツ』学陽書房。
・社会科の初志をつらぬく会　ホームページ
・杉浦健（二〇一二）「教材」『小学校教育用語辞典』ミネルヴァ書房。
・スティーブン・J・ソーントン（二〇一二）『教師のゲートキーピング―主体的な学習者を生む社会科カリキュラムに向けて』（渡部竜也、山田秀和、田中伸、堀田諭訳）春風社。
・造幣局ホームページ

・谷口陽一（二〇一五）『「こども理解」を深めるシンプルな方法～全員のその日の言動を思い出す」『THE子ども理解』明治図書。
・谷岡義高（二〇一五）「『話す力、書く力、つなぐ力を育てる』とは」『自律的に学ぶ子どもを育てる「奈良の学習法」「話す力、書く力、つなぐ力」を育てる』奈良女子大学附属小学校学習研究会、明治図書。
・谷川彰英（一九九三）『問題解決学習の理論と方法』明治図書。
・田村明（一九八七）『まちづくりの発想』岩波書店。
・田村学、野田敦敬（二〇二二）『学習指導要領の未来―生活科・総合そして探究がつくる令和の学校教育』学事出版。
・中央教育審議会（一九九六）「21世紀を展望した我が国の教育の在り方について」
・築地久子（一九九一）『生きる力をつける授業―カルテは教師の授業を変える』社会科の初志をつらぬく会（個を育てる教師のつどい）編、黎明書房。
・奈須正裕（二〇一七）『資質・能力と学びのメカニズム』東洋館出版。
・長瀬拓也（二〇〇九）『若い教師のための読書術』ひまわり社。
・長瀬拓也（二〇一四）『ゼロから学べる学級経営―若い教師のためのクラスづくり入門』明治図書。
・野崎剛毅（二〇〇六）「学習指導要領の歴史と教育意識」國學院短期大学紀要。
・灰谷健次郎（一九九八）『兎の眼』角川文庫。
・藤岡信勝（一九八九）「授業づくりの発想」日本書籍。
・文部科学省（二〇一五）「教育課程部会 生活・総合的な学習の時間 ワーキンググループ」

・森田真樹、篠原正典（二〇一八）『総合的な学習の時間』ミネルヴァ書房。
・文部科学省（二〇一七）「小学校学習指導要領　総合的な学習の時間」
・文部科学省（二〇二一）「学習指導要領の趣旨の実現に向けた個別最適な学びと協働的な学びの一体的な充実に関する参考資料」
・文部省（一九四七）『学習指導要領　社会科編（試案）』国立教育政策研究所教育研究情報データベース。
・文部科学省「これまでの学習指導要領の変遷」
・文部科学省「新しい学習指導要領の考え方―中央教育審議会における議論から改訂そして実施へ―」
・文部科学省「学習指導要領改訂の方向性（案）」
・山田秀和（二〇二一）「主体的な学習者を育む社会科カリキュラム―教師による主体的なカリキュラム・デザインの重要性」『社会科教育』２月号　明治図書。
・柳沼孝一（二〇一四）『授業の工夫がひと目でわかる！　小学校社会科板書モデル６０』明治図書。

●著者紹介

長瀬拓也

1981年岐阜県生まれ。佛教大学教育学部卒業，岐阜大学大学院教育学研究科修了（教育学修士）。大学卒業後，横浜市立小学校，岐阜県公立中学校，小学校の教員として勤め，現在は同志社小学校教諭，京都女子大学非常勤講師（生徒指導論）。高校生の時，中学校教員だった父親が白血病で他界し，教師になることを決意する。初任者の時，一般財団法人日本児童教育振興財団主催「第40回　わたしの教育記録 採用・新人賞」（2004）を受賞。社会科教育を専門としながら，学級経営や生徒指導についての著作も多い。主な著書に，『教師のための時間術』（単著，黎明書房），『ゼロから学べる学級経営―若い教師のためのクラスづくり入門』，『ゼロから学べる授業づくり―若い教師のための授業デザイン入門―』（単著，明治図書），『ここから始める「憲法学習」の授業　児童生徒の深く豊かな学びのため』（編著，ミネルヴァ書房），『実践・事例から学ぶ生徒指導』（編著，トール出版），『社会科でまちを育てる』（単著，東洋館出版）他多数。

長岡文雄《ながおかふみお》と授業《じゅぎょう》づくり

2022年12月25日　初版発行

著　者　長《なが》瀬《せ》拓《たく》也《や》
発行者　武馬久仁裕
印　刷　藤原印刷株式会社
製　本　協栄製本工業株式会社

発 行 所　株式会社 黎《れい》明《めい》書《しょ》房《ぼう》
〒460-0002　名古屋市中区丸の内3-6-27　EBSビル　☎052-962-3045
FAX 052-951-9065　振替・00880-1-59001
〒101-0047　東京連絡所・千代田区内神田1-12-12　美土代ビル6F
☎03-3268-3470

落丁本・乱丁本はお取替します。　ISBN978-4-654-02381-3